# NOUVEAU RECUEIL

## DE

## CHANSONS

### CHOISIES.

*TOME PREMIER.*

### SECONDE EDITION.

A LA HAYE,
Chez JEAN NEAULME.
M. DCC. XXVI.

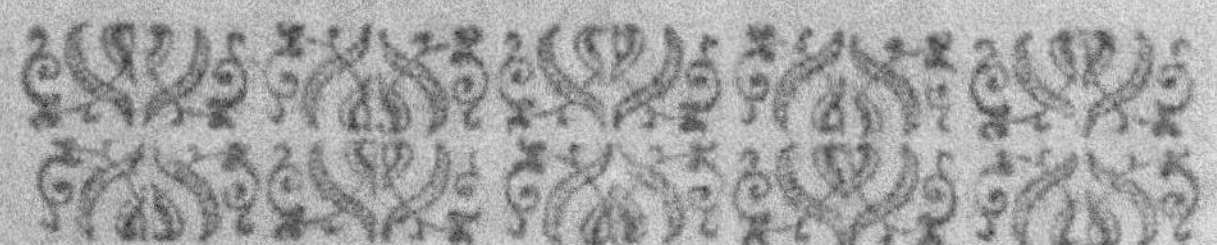

# AVERTISSEMENT
## DU
## LIBRAIRE.

ON s'appercevra aisément, j'espère, que je n'ai rien épargné, pour bien exécuter ce Recueil, & pour le rendre digne de la Curiosité des Amateurs; &, s'ils sont assez obligeans pour seconder mes vœux, c'est à dire pour m'en procurer un prompt Débit, je m'engage à leur en témoigner ma Reconnoissance en leur en donnant de tems en tems un semblable Volume.

On verra par celui-ci, que mon But est moins de m'attacher uniquement à la Nouveauté, que de donner un bon Choix des Airs les plus agréables & des Chansons les plus ingenieuses, qu'on ait publiées jusqu'à ce jour, tant à Voix seule, qu'en Duo & en Trio; & d'épargner par-là aux Connoisseurs la peine de les aller chercher dans un grand nombre de Volumes, où elles sont pour l'ordinaire confonduës avec beaucoup de médiocres, & une infinité de tres-mauvaises.

Pour cet éfet, je me suis procuré divers Correspondans, tant à Paris qu'ailleurs, qui me feront tenir régulièrement les Morceaux qu'ils croiront les plus propres à remplir mon Dessein: &, comme il n'est pas possible qu'il ne leur en échappe beaucoup, je



prie

prie ici très-instamment les Personnes curieuses de ces sortes de Pièces, de vouloir bien me faire part celles qui viendront à leur connoissance ; m'engageant à un Remerciment public envers ceux qui voudront bien être connus, & à un Silence inviolable envers ceux qui seroient fachez de l'être. Parmi le grand nombre de ces Pièces qui se font tous les jours, il y en a quantité, sans doute, qui restent en Manuscrit, faute d'Occasion commode de les rendre publiques. J'en ofre ici une fort naturelle, tant à leurs Auteurs, qu'à ceux entre les mains de qui elles pourroient tomber ; les priant, néanmoins, les uns & les autres de vouloir bien en afranchir le Port : de peur, qu'exposé à de trop gros Frais, je ne fusse obligé d'augmenter le Prix de mes Volumes, que je me propose de donner toujours au meilleur marché qu'il me sera possible.

Comme une de mes principales Vues, dans la Publication de ces Recueils, est qu'ils puissent servir aux jeunes Personnes qui aprennent à chanter, j'observerai toujours avec beaucoup de soin qu'on n'y mette rien, qui puisse en aucune façon choquer la Modestie, & qui ne puisse être lû sans peine par les Personnes les plus graves & les plus reservées.

Pour ne rien négliger de ce qui pouvoit rendre celui-ci agréable & commode, j'y ai fait ajouter deux Tables, dont on sentira sans doute aisément l'Utilité. Dans l'une, tous les Airs d'un même Genre se trouveront rassemblez sous certaines Classes, afin que chacun puisse aisément y choisir ce qui sera le plus de son goût ; &, dans l'autre, tous ces mêmes Airs se verront rangez par Ordre Alphabétique, afin qu'on voye d'un coup d'œil tout ce que contient le Recueil, & qu'on puisse aisément y retrouver ce qu'on se souviendra d'avoir déja vû dans le Corps du Livre même.

TA-

# TABLE
## DES
## AIRS DE CE RECUEIL,
### SELON LES SUJETS DONT ILS TRAITTENT.


### CHANSONS TENDRES.

Autrefois la charmante Hortenfe. 256
Je vous nomme fans que j'y penfe. 236
Loin de vos yeux je foupire. 92
On me peint tous les jours. 142
Plus je vous vois, plus je vous aime. 156
Quand je plaifois à tes yeux. 93
Quand le fage Damon. 52
Quand un Cœur. 316
Que Tircis charmé de Lifette. 109
Tendres regards. 310
Tes traits, Amour, font aimables. 286
Toi, qui formes les plus beaux Nœuds. 269
Tu m'as volé, petit Fripon. 32
Une faveur, Lifette, &c. 83
Vous, qui donnez de l'Amour. 38

### CHANSONS GALANTES.

Ainfi que la Violette. 312
Amans, qui près d'une Maitreffe. 22
Amis, je ne veux plus boire. 26
A ne plus aimer dans la vie. 200
Affez long-tems j'ai menagé Lifette. 180
Affis au bord d'une Fontaine. 298
Au Dieu d'Amour. 273
Auprès d'un vieil Epoux. 81
Autrefois à la jeune Annette. 316
Autrefois la charmante Hortenfe. 156
C'eft Cupidon, qui m'infpire. 161
C'eft dans vos yeux. 240
Chantons les Amours de Jeanne. 74
Chaffant dans ces Forêts. 223
Dans la Vigne à Claudine. 87




Dans

# TABLE


Dans nos Vergers. 26
Dedans ce Festin. 55
D'un songe agreable, Clôris. 197
Heureux celui qui chemine. 250
Iris, que vos yeux doux & fins. 117
L'Amour, ce petit Satire. 45
L'Amour éfraye votre cœur. 244
L'Amour jaloux de la victoire. 221
La Raison voyageant un jour. 171
La trop tendre Alison. 67
L'autre jour ma jeune Bergère. 20
Le jeune Colin l'autre jour. 5
Le premier jour de l'an. 84
Lisette, suivons nos desirs. 101
Non, je n'irai plus. 40
On dit que vos Parens. 263
On voit tous les ans. 248
Plus je vous vois, plus je vous aime. 136
Pour me mettre en train. 228
Quand le Dépit. 325
Que cet Almanach véritable. 90
Que d'un Nœud charmant. 334
Qu'il m'est doux d'empêcher. 61
Savez-vous à quelle couleur? 144
Tircis couché dessus l'herbette. 140
Tircis couché sur l'herbette. 275
Tircis, quand je vais sur l'herbette. 241
Tu m'as volé, petit Fripon. 32
Venez, venez, accourez tous. 203
Un Berger, qui pour moi soupire. 64
Un jour Iris, mit dans sa Cage. 327
Un jour la jeune Annette. 46
Un jour la jeune Lisette. 330
Une faveur, Lisette. 83


## CHANSONS BACHIQUES.


AMi, l'aurois tu pu croire? 181
Amis, dormez vous? 33
Amis, que ma joye est extrême! 106
Bachus, contre toi tout conspire. 147
Bon Vin, Beaume du Cœur. 134
Bon Vin, Liqueur admirable. 284
Charmant Bachus, pour toi je renonce à l'Amour. 288
Contre les défauts d'autrui. 12
Corrigeons nous, Ami Grégoire. 312


Des-

## DES AIRS, &c.

Des Gris Vêtus chantons la Gloire.     105
D'où vient que dans le bel âge ?     191
Dormez-vous ? Quoi ! le Sommeil.     176
Flambeau du jour.     115
Heureux celui qui chemine.     253
Je cherche en vain la Vérité.     8
Je n'ai pour toute Maison     34
J'entends une Voix qui m'appelle.     267
Je suis un nouveau Medecin.     1
In Vino Veritas.     167
Laquais, maudit Laquais.     49
Maudit Laquais.     37
Mes chers Amis, Bachus gronde.     179
Non, non, ce n'est point une étoile funeste.     231
Plus on est de fous.     77
Source de tous Plaisirs.     340
Toi, qui guéris de l'Amour.     60
Venus me trouvant sans boire.     287
Un jour dans un Festin.     323
Un Philosophe rêveur.     296
Un sot qui veut faire l'habile, &c.     124

## RONDES DE TABLE.

C Atin boit avec nous.     256
   Du Vin, du Vin, sans cesse.     205
Nous sommes en bonne Maison,     234
Plus on est de fous.     77
Pour passer doucement la vie.     219
Source de tous Plaisirs.     340

## CHANSONS MELE'ES DE TENDRE ET DE BACHIQUE.

A Mans, qui près d'une Maîtresse.     23
   Buvons à petits coups, mais aimons.     313
Catin boit avec nous.     256
C'est la façon dont on s'y prend.     138
Chantons les Amours de Jeanne.     74
Chers Amis, pour se faire un fortuné Destin.     28
Dedans mon petit Reduit,     17
Grand Dieu du Vin.     317
L'Amour soumet par vous les cœurs.     121
L'Amour veut devenir Vainqueur.     43
L'autre jour, ma jeune Bergère.     29
Le Plaisir de la Vie.     245


* 4

# TABLE


Lorsque le bel âge s'envole. 48
Ne quittons point ces aimables lieux. 56
Non, ce n'est point du sein de l'Onde. 281
Nous somme en bonne Maison. 233
Petite Bergère, tai-toi. 198
Pour être heureux auprès d'une Bergère. 240
Pour me mettre en train 228
Pour ne jamais manquer de Vin. 226
Quand Iris est dans un Festin. 254
Que l'on gronde, qu'on critique. 301
Que vous me paroissez aimable. 126
Suivons Bachus, suivons l'Amour. 291
Tircis couché dessus l'herbette. 140
Toujours Philis plaît à mes yeux. 265


## PLANS DE MORALE GALANTE ET BACHIQUE.


Chantons les Amours de Jeanne. 71
Dedans mon petit Reduit. 17
Gregoire, qui fuyoit les embarras du compte. 99
Je n'ai pour toute Maison. 34
Le plaisir de la Vie. 245
Nous autres bons Villageois. 173
Pour passer doucement la Vie. 219
Pour se former une agréable vie. 238
Plus inconstant que l'Onde. 328
Qu'un aimable Voisinage. 68
Vous qui cherchez le délectable. 95


## CHANSONS CONTRE L'AMOUR ET LE VIN.


Lassé des Rigueurs de ma Belle. 119
Si j'en veux croire Iris. 258
Sous les Loix de l'Amour. 332
Trompeur Amour. 25
Votre Toutou vous flate. 113


## CHANSONS COMIQUES ET GROTESQUES.


Grégoire, qui fuyoit les embarras du compte. 59
L'Hotesse de l'Ecu. 62
Lucas, nouveau Mari. 260
Morgué, Cousin Charlot. 254
Pour ne jamais manquer de Vin. 226
Qu'on ne donne un Mari gouteux, &c. 130

## DES AIRS, &c.

### CHANSONS CRITIQUES ET SATIRIQUES.

Uprès d'un vieil Epoux.　11
Ce nouveau parvenue qu'on loue.　201
Comment vouliez-vous qu'on vous aime?　41
Je voudrois bien voir la mine.　183
Les engagemens de nos jours.　132
Lucas, transporté de colere.　221
Ma foi, sans faire le Docteur.　189
Morgué, Cousin Charlot.　154
Non, non, ce n'est point une étoile funeste.　231
Quoique le cœur.　314
Si t'avois vu l'autre jour.　175
Tai roi donc, orgueilleux Stoïque.　96
Thibaut, Collecteur sans pitie.　71
Un Oiseau de mauvais augure.　193
Un sot qui veut faire l'habile.　124

### DIALOGUES.

Lisette, suivons nos Desirs.　101
Quand mon cœur.　356
Une faveur, Lisette.　81

### BRANLES ET DANSES RONDES.

L'Autre jour près d'Annette.　151
Un Berger, qui pour moi soupire.　64


---

# TABLE ALPHABETIQUE,

## DES AIRS DE CE RECUEIL.

### A.

Ainsi que la Violette.　112
Amans, qui près d'une Maitresse.　28
Ami, l'aurois-tu pu croire?　185
Amis, dormez vous?　53
Amis, je ne veux plus boire.　26
Amis, que ma joye est extrème.　106
A ne plus aimer dans la Vie.　200
Assez long tems j'ai menagé Lisette.　180
Assis au Bord d'une Fontaine.　298
Au Dieu d'Amour.　273
Auprès d'un vieil Epoux.　81


Autre•

## TABLE

Autrefois la charmante Hortense. 136
Autrefois à la jeune Annette. 316

### B.

Achus, contre moi tous conspire. 147
Bon Vin, Beaume du Cœur. 134
Bon Vin, Liqueur admirable. 284
Buvons à petits coups. 318

### C.

Atin boit avec nous. 256
C'est Cupidon qui m'inspire. 161
C'est la façon dont on s'y prend. 138
Chantons les Amours de Jeanne. 73
Charmant Bachus, pour toi, &c. 289
Chassant dans ces Forêts. 221
Chers Amis, pour se faire. 28
Comment voulez-vous qu'on vous aime? 41
Contre les Défauts d'autrui. 12
Corrigeons-nous, Ami Grégoire. 342

### D.

Ans la Vigne à Claudine. 87
Dans nos Vergers. 75
Dedans mon petit Réduit. 17
Des Gris-Vêtus, chantons la Gloire. 305
Dormez vous? 176
D'où vient que dans le bel âge? 191
D'un Songe agréable Cloris. 197
Du Vin, du Vin, du Vin. 205

### F.

Lambeau du jour. 315

### G.

Régoire, qui fuyoit les embaras du compte. 99

### H.

Eureux celui qui chemine. 250. 253

### I.

E cherche en vain la vérité. 8
Je suis un nouveau Medecin. 1
Je n'ai pour toute Maison. 34
Je voudrois bien voir la mine. 188
Je vous nomme sans que j'y pense. 235
J'entends une voix qui m'appelle. 267
Jeune Iris, profitez mieux. 371
In Vino Veritas. 167
Iris, que vos yeux doux & fins. 117

L'A-

# ALPHABETIQUE.


### L.

L'Amour jaloux de la Victoire. 211
L'Amour éfraye votre Cœur. 244
L'Amour soumêt par vous les Cœurs. 121
L'Amour, ce petit Satire. 45
L'Amour veut devenir Vainqueur. 43
Laquais, maudit Laquais. 91
La raison voyageant un jour. 171
L'autre jour ma jeune Bergere. 20
L'autre jour, près d'Annette. 151
La trop tendre Alison. 67
Lassé des rigueurs de ma Belle, 119
Le jeune Colin l'autre jour. 3
Le plaisir de la Vie. 245
Le premier jour de l'an. 88
Les engagemens de nos jours. 132
L'Hotesse de l'Ecu revenant du Sermon. 62
Lisette, suivons nos Desirs. 101
Loin de vos yeux je soupire. 52
Lorsque le bel âge s'envole. 48
Lucas, nouveau Mari. 260
Lucas, transporté de colère. 321

### M.

Ma foi, sans faire le Docteur. 189
Maudit Laquais, point d'eau. 17
Mes chers Amis, Bachus gronde. 279
Morgué, Cousin Charlot. 134

### N.

Ne quitrons point ces aimables lieux. 56
Non, je n'irai plus, disoit Lisette. 40
Non, non, ce n'est point une étoile funeste. 231
Non, ce n'est point du sein de l'Onde. 281
Nous autres bons Villageois. 173
Nous sommes en bonne Maison. 233

### O.

On dit que vos Parens. 263
On me peint tous les jours. 142
On voit tous les ans mille fleurs. 248

### P.

Plus je vous vois, plus je vous aime. 136
Plus on est de fous. 77
Plus inconstant que l'Onde. 138
Pour passer doucement la vie. 219
Pour ne jamais manquer de Vin. 226
Pour me mettre en train. 268


Pour

Pour se former une agréable vie. 238

QUand le dépit. 325
    Quand Iris est dans un Festin. 254
    Quand je plaisois à tes yeux. 93
Quand le sage Damon. 52
Quand un cœur. 356
Quand à table. 368
Que cet Almanach véritable. 90
Que Tircis charmé de Lisette. 109
Que d'un Nœud charmant. 334
Que l'on gronde, qu'on critique. 301
Que vous me paroissez aimable. 326
Qu'il m'est doux d'être pêcheur. 61
Quoique le cœur. 354
Qu'on me donne un Mari gouteux. 330
Qu'un aimable voisinage. 68

SAvez-vous à quelle couleur? 144
    Si j'en veux croire mon Iris. 258
Sous les Loix de l'Amour. 332
Source de tous Plaisirs. 340
Suivons Bachus, suivons l'Amour. 293

TEndres regards. 370
    Thibaut, Collecteur sans pitié. 71
Tircis couché dessus l'herbette. 140
Tircis couché sur l'herbette. 275
Tircis, quand je vais sur l'herbette. 241
Toi, qui gueris de l'Amour 60
Toi, qui formes les plus beaux nœuds. 269
Toujours Philis plait à mes yeux. 285
Trompeur Amour, ta voix. 25
Tu m'as volé, petit Fripon, 32

VEnez, venez, accourez tous. 203
    Un Berger, qui pour moi soupire. 64
Un jour la jeune Annette. 46
Un Oiseau de mauvais augure. 193
Un sot qui veut faire l'habile. 124
Un Philosophe rêveur. 295
Un jour dans un Festin. 323
Un jour Iris mit dans sa cage. 327
Un jour la jeune Lisette. 320
Une faveur Lisette. 83
Votre Toutou vous flatte. 113
Vous, qui donnez de l'Amour. 58
Vous, qui cherchez le délectable. 95

NOU-

# NOUVEAU
# RECUEIL
## DE
# CHANSONS.

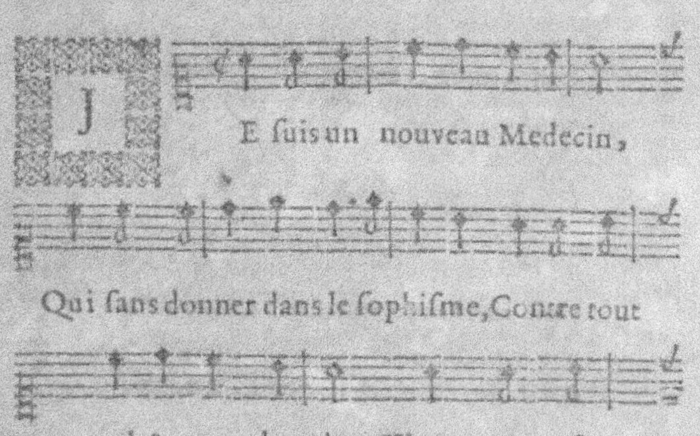

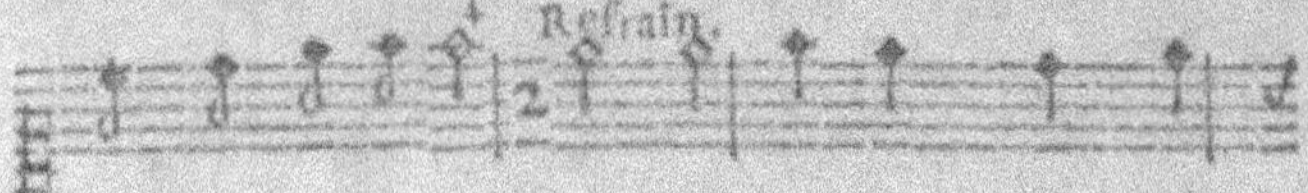


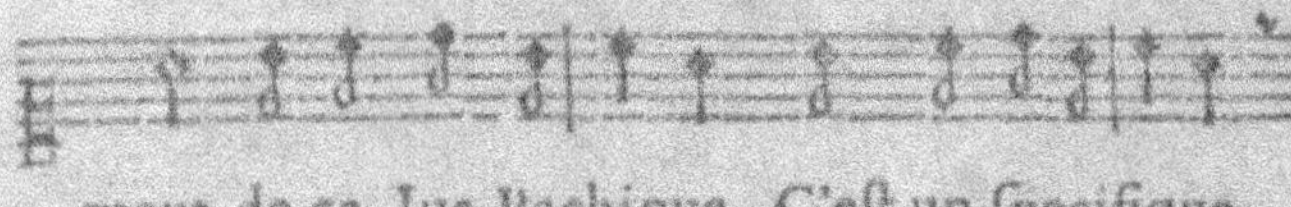


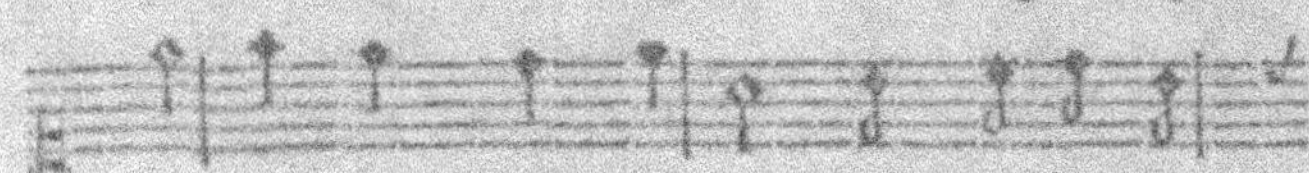


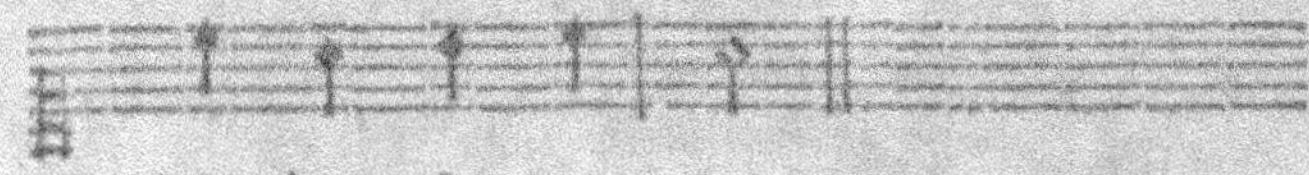


Voyez cet Amant malheureux ,
Dans fes yeux fa douleur s'explique :
Pour lui je crains un fort afreux ,
Il pouroit bien mourir étique ;
Verfez lui , &c.
Il fera guéri dans le moment.

D'où vient que cet heureux Amant ,
Qui peut compter fur fa Maitreffe ,
Rève & foupire inceffamment ?
C'eft donc un mal que la tendreffe ;
Verfez lui , &c.
Il fera joyeux dans le moment.

Des

Des Anciens être entêté,
Les suivre en tout, quoiqu'on en die,
Ce sont vapeurs d'Antiquité,
Et vraiment une maladie;
Versez vous, &c.
Vous serez moderne en un moment.

Regardez cet Enfant de Mars,
Plus redouté que le tonnerre;
La fureur trouble ses regards,
Il a la fièvre de la guerre;
Versez lui, &c.
Il deviendra calme en un moment.

Que dites-vous de ce poltron?
Il n'a pas l'ame meurtrière,
Si-tôt qu'il entend le Canon,
On ne le voit que par derrière;
Versez lui, &c.
Il deviendra brave en un moment.

Ce vieux Mari sombre & jaloux,
Qui chaque instant craint ou soupçonne,
S'apercevra du rendez-vous
Qu'à ses côtez sa femme donne;
Versez lui, &c.
Il n'y verra goutte en un moment.

Ce Gascon par un rude éfort
D'une beauté sexagenaire,
Voudroit gagner le cofre fort,
Mais, peut-il assez pour lui plaire?
Versez lui , &c.
Le cofre est à lui dans le moment.

Ce Rimeur pour faire un Sonnèr,
Boiroit toute l'eau d'Hypocrène;
Il n'en a pas l'esprit plus nèt,
La rime ou la raison le gêne;
Versez lui , &c.
Toutes deux viendront dans le moment.

Ce gros Chanoine par malheur
Est enrumé de la poitrine,
Lui qui feroit tout seul un chœur
Ne peut plus chanter à màtines;
Versez lui , &c.
Sa voix reviendra dans le moment.

Ton Juge s'endort au Palais,
Son œil assoupi t'inquiète,
Il va te condamner aux frais,
Et vîte & vîte à la buvette;
Verse lui , &c.
Ta cause ira bien dans le moment.

LE

Le Berger fentoit des plaifirs,
Dont il ignoroit l'ufage,
Lifette formoit des défirs,
N'en fachant pas d'avantage;
Et l'Amour malin qui les voyoit,
De leur innocence rioit.

De mille guirlandes de fleurs
Colin couronnoit Lisette,
Et d'un ruban de ses couleurs,
Elle entouroit sa Houlette ;
Et l'Amour malin qui les voyoit
De ces deux innocens rioit.

Quelquefois un rouge ingénu
Couvroit le tein de la Belle,
Saisi d'un transport inconnu,
Colin rougissoit comme elle ;
Et l'Amour malin qui les voyoit
De ce trouble innocent rioit.

Mais enfin ce Dieu dévoila
Le bandeau de leur enfance,
Un baiser que Colin vola,
Instruisoit leur innocence ;
Et l'Amour malin qui les voyoit
De ce vol innocent rioit.

L'Amant plus hardi sur son sein
Porta sa main témeraire,
Lisette prévit son dessein,
Soûrit, & le laissa faire,
Et l'Amour malin qui les voyoit
De ce badinage rioit.

Bien-

Bien-tôt de ses transports secrèts,
Colin connut le myſtère,
Et déja ses yeux indiſcrèts,
En parloient à sa Bergère;
Et l'Amour malin qui les voyoit
De leurs prochains plaiſirs rioit.

Ce Dieu les inſtruiſit ſi bien,
Qu'enfin ce couple champêtre,
Juſqu'à la nuit n'oublia rien
Pour faire honneur à ſon maitre;
Et l'Amour riant d'un ris malin,
Quitta lors Liſette & Colin.

Socrate cet homme difcrèt,
Que toute la terre révère,
Alloit manger au Cabarèt,

Quand

Quand sa femme étoit en colère ;
Pouvons-nous faire mieux que d'imiter Socrate ,
 Et de suivre Hypocrate ,
 Qui dit , &c.


 Platon fut nommé le Divin ,
 Parce qu'il étoit magnifique ,
 Et qu'il regaloit de son Vin ,
 La Cabale Philosophique.
Sa table fut toujours splendide & delicate ;
 Il suivoit Hypocrate ,
 Qui dit , &c.


 Aristote buvoit autant
 Et nous avons lieu de le croire ,
 De ce qu'Alexandre le Grand ,
 Son Disciple aimoit tant à boire ,
Qu'il dégueula cent fois sur les bords de l'Euphrate ,
 En suivant Hypocrate ,
 Qui dit , &c.


 Diogene aimoit, dit on, l'eau ,
 Mais il n'eut point cette folie ;
 Il se logea dans un tonneau
 Pour sentir le goût de la lie ,
Et pour mieux boire au pot, il jetta là sa jatte ,


         Et

Et tint pour Hypocrate,
Qui dit, &c.


Démocrite près de sa fin,
Par une invention jolie,
En flairant seulement le Vin,
De trois jours prolongea sa vie;
Le Vin retarde plus la mort qu'il ne la hâte;
Témoin notre Hypocrate,
Qui dit, &c.


Héraclite toujours étoit
En pleurs, à ce que dit l'Histoire;
Mais c'est que le Vin lui sortoit
Par les yeux à force de boire.
Par ce remède seul il guerissoit sa rate,
Comme ordonne Hypocrate,
Qui dit, &c.


Epicure sans contredit
Des bons Buveurs est le vrai Pere,
Et sa morale nous induit,
Au plaisir, à la bonne chere;
En vain l'homme ici bas d'un autre bien se flate:
Suivons donc Hypocrate,
Qui dit, &c.


Esope

Efope quelquefois la nuit
De complot avec la fervante,
Chalumoit fans faire du bruit
Les tonneaux de fon maitre Xante.
Il en eut mis dix pots fous fa groffe omoplate;
Il fuivoit Hypocrate,
Qui dit, &c.

Galien ce fameux Docteur
En traitant du Jus de la Vigne,
Dit qu'il fait défendre le cœur
Contre la qualité maligne,
Qui trouble nos humeurs, les altere & les gâte;
Et raporte Hypocrate,
Qui dit, &c.

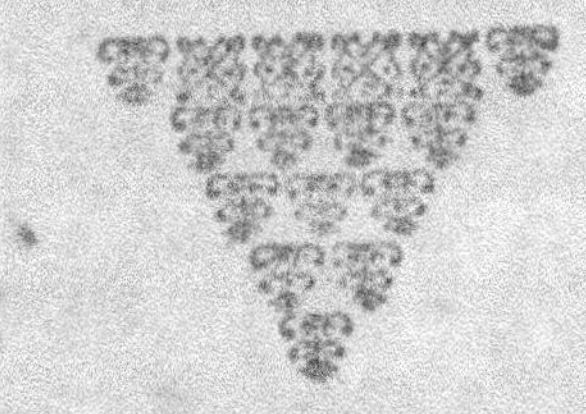

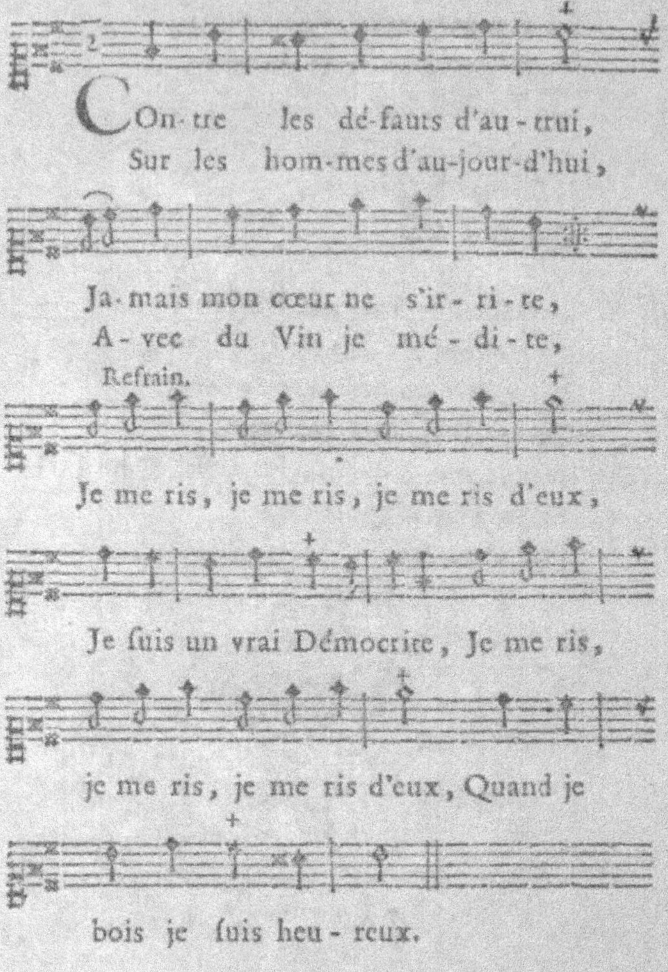


Qu'un Avare à son argent
Et la nuit & le jour veille,

Qu'un

Qu'un Epoux soit mécontent,
Qu'il ait la puce à l'oreille ;
Je me ris, &c.
Je m'en tiens à ma Bouteille,
Je me ris, &c.

Qu'un Seigneur soit à la Cour
Attaché comme un Esclave,
Qu'un Vieillard fasse l'Amour,
Qu'un Poltron fasse le brave ;
Je me ris, &c.
Tout mon bien est dans ma Cave,
Je me ris, &c.

Qu'au milieu des Champs de Mars,
Les Enfans de la Victoire,
Aillent parmi les hazards,
Chercher une fausse gloire ;
Je me ris, &c.
Je ne suis fait que pour boire,
Je me ris, &c.

Qu'un savant Musicien
Sur un Rondeau se morfonde,
Qu'un Mathématicien
Dans Euclide se confonde ;

Je me ris, &c.
Je fai que ma table eft ronde,
Je me ris, &c.


Qu'un Petit-Maître en couroux
Des femmes cherche à médire,
Qu'un Amant fombre & jaloux
Sans ceffe rêve & foupire;
Je me ris, &c.
La foif eft tout mon martire,
Je me ris, &c.


Qu'un Plaideur pour un Extrait
Soir & matin follicite,
Qu'un autre foit par Décret,
Contraint à garder le gîte;
Je me ris, &c.
Je bois mon Vin fans pourfuite,
Je me ris, &c.


Qu'un Chaffeur pour fon Gibier
Coure les bois & la plaine;
Qae l'Amoureux Financier
Paye une fauffe inhumaine;
Je me ris, &c.
Je ne bois qu'à taffe pleine,
Je me ris, &c.


Qu'un

Qu'un Joueur dans un cornet
Aille tenter l'Avanture,
Que cet autre au lansquenet
Donne, perde, peste, & jure;
Je me ris, &c.
Ma rejouiſſance eſt ſûre,
Je me ris, &c.

Qu'un Prodigue bienfaiſant
Donne juſqu'à ſa chemiſe:
De l'Auteur du Médiſant,
Qu'un bon Critique médiſe;
Je me ris, &c.
Je boirai quoiqu'on en diſe,
Je me ris, &c.

Qu'un Rimailleur turbulent
Au public faſſe la guerre,
Qu'un Acteur pâle & tremblant
Demande grace au Parterre;
Je me rie, &c.
Je décide avec mon verre,
Je me ris, &c.

Qu'un jeune Financier
Se faſſe aimer d'une Belle;



Qu'un

Qu'un Chanoine Régulier,
Pour mâtines se réveille;
Je me ris, &c.
Mon Bréviaire est ma Bouteille,
Je me ris, &c.

Certains pâles Medecins,
Toujours le nez dans l'ordure,
Ont en grande horreur le Vin,
N'ordonnent que de l'eau pure;
Je me ris, &c.
J'aime le bon Vin, j'en jure,
Je me ris, &c.

Si quelqu'un est mécontent
Des traits badins de ma Muse,
Pleurerai-je à ses dépens?
Non, tout autrement j'en use;
Je me ris, &c.
Dans le vin j'ai mon excuse,
Je me ris, &c.

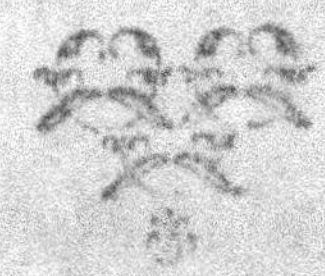

Le haut degré des grandeurs
Me fait peu d'envie,
On y doit aux Spectateurs
Compte de fa vie ;
Mais dans mon obfcurité,
Je poffede en liberté,
Ma pinte, &c.

B 3

Dans

Dans tous les brillans emplois
Qu'un fot orgueil brigue,
On eſt ſujèt à des Loix
Dont le joug fatigue;
Pour moi libre de tous ſoins
Je prens ſelon mes beſoins
Ma, &c.

Je ne veux point des grands mots
Etre la victime,
De la gloire des Héros,
Je fais peu d'eſtime;
N'ai-je pas aſſez vaincu
Quand j'ai ſu mettre ſur cu
Ma, &c.

Qu'au travers de mille morts,
Sur la terre & l'onde,
On coure après des tréſors
Dans un nouveau monde;
Je crois avoir tous les biens,
Lorſque dans mes bras je tiens
Ma, &c.

Des ſimples & des métaux
Cherchant l'Analiſe,

Pour échaufer ses fourneaux
Le Soufleur s'épuise ;
Moi souvent, sans trop soufler,
Je sais faire distiler
Ma , &c.

La Promenade & le Jeu,
N'ont rien qui me pique ;
Un Concert me touche peu,
Foin de la Musique ;
Je ne veux pour m'amuser
Que remplir & renverser
Ma , &c.

L'Au-

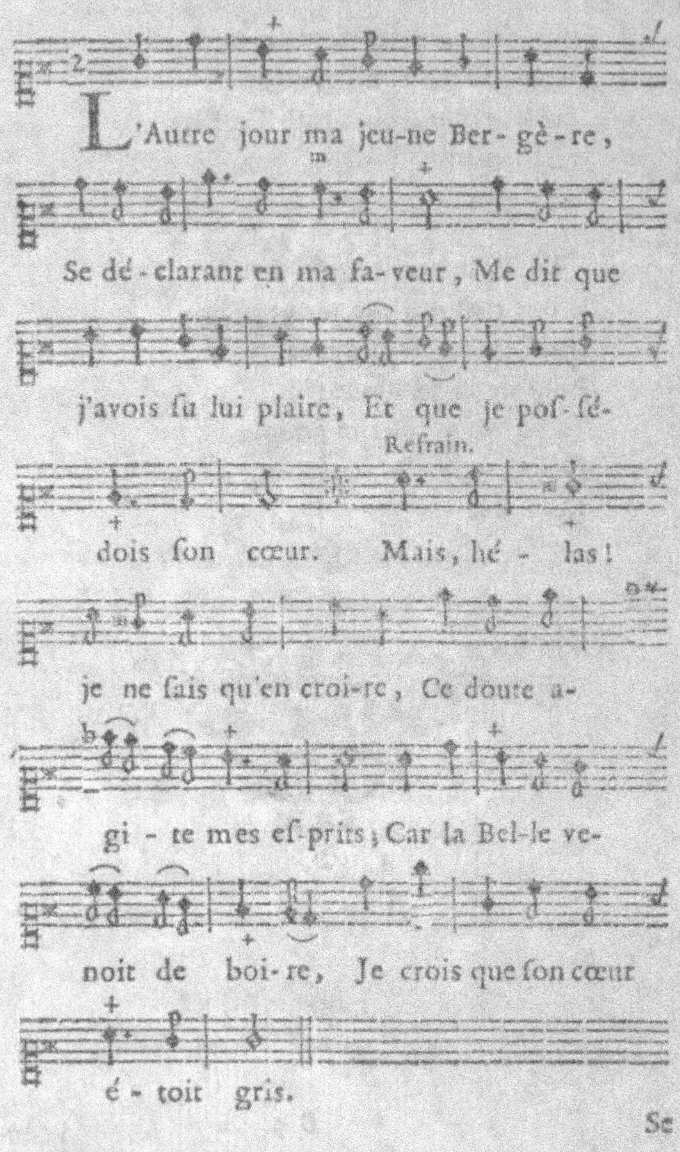
L'Autre jour ma jeu-ne Ber- gè-re,
Se dé-clarant en ma fa-veur, Me dit que
j'avois su lui plaire, Et que je pos-sé-
Refrain.
dois son cœur. Mais, hé - las!
je ne sais qu'en croi-re, Ce doute a-
gi - te mes es-prits; Car la Bel-le ve-
noit de boi-re, Je crois que son cœur
é - toit gris.

Se

Ses yeux étincellans de flame,
Sembloient par des regards en feu,
Chercher la route de mon ame
Pour me confirmer cet aveu:
Mais, hélas! d'une humeur gaillarde
Voulant me marquer ses desirs,
La Belle poussa par mégarde
Des hoquèts au lieu de soupirs.

La honte de cette méprise
Redoubla ses vives couleurs,
Puis je la vis avec surprise
Pâlir, & verser quelques pleurs:
Mais, helas! ces fausses allarmes
De son ivresse étoient l'éfèt,
Car au fond ces trompeuses larmes
N'étoient que de pur vin clairet.

Cependant, voyant la Bergère
S'ofencer de mon peu d'ardeur,
Pour calmer sa juste colère,
Je lui fis présent de mon cœur;
Mais, helas! sa bouche vermeille,
Me rapella deux fois en vain,
Je crus sentir une Bouteille
D'où sortoit la vapeur du Vin.

Tou

Tout sembloit dans cet Avanture
M'ofrir de faciles plaisirs,
Et me payer avec usure
De mes soins & de mes soupirs:
Mais mon cœur jaloux de sa gloire,
Par un trop délicat mépris,
Ne voulut point d'une victoire
Dont Bachus avoit seul le prix.

Ah! s'il est vrai que la Bouteille
Fasse dire la verité,
Fais Amour que cette merveille,
Ait à jeun la même bonté;
Blesse-là de tes propres armes
Ce triomphe n'est dû qu'à toi,
Mais ne permèts pas que ses charmes
Soient soumis à d'autres qu'à moi.

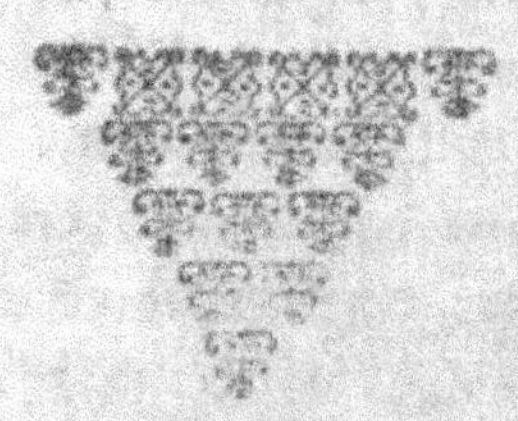

Amans

Si quelque Belle par malice
Feint de vous traiter rudement,
Brusquez l'agréable moment,
Qui dépend souvent du Caprice.
Croyez-moi, &c.

Si vous voulez de votre Belle  
Ranimer l'Amour languissant,  
L'emporter sur quelque autre Amant,  
Ou terminer une querelle,  
Croyez-moi, &c.

Et vous qui pour une Coquette  
Ne poussez que de vains soupirs,  
Pour la soumettre à vos desirs,  
Voici l'infaillible recette:  
La plus fière resiste en vain,  
Quand elle a le verre à la main.

Mari de Femme imperieuse,  
Jalouse, ou de mauvaise humeur,  
Dans les accès de sa fureur,  
Pour guerir la Capricieuse,  
Suivez le Conseil du Refrain,  
Mettez lui le verre à la main.

C'est ainsi que de sa Lisette,  
Tircis se rendit le Vainqueur:  
Elle eut beau s'armer de rigueur,  
L'Amour en signa la défaite,  
Si-tôt que pour la mettre en train,  
Il lui mit le verre à la main.

Trom-

Ou tes liens, Hymen, sont trop durables,
Ou tes plaisirs devroient être moins courts.
Combien nous donnes-tu de jours aimables
Un, deux, trois, tout au plus, fixent le cours
Des plus tendres Amours.

Tome I.                    C                    Cre-

Credule Hymen , ta voix en vain rappelle
Amour , Amour , pour combler nos souhaits :
Mais Amour est Chien de Jean de Nivelle ,
Tais , tais , l'Hymen a beau courir après ,
Il fuit & rompt ses traits.

## LE MOMENT.

De-

Depuis long tems une Belle
Se rioit de ma langueur ;
Mais par hazard la cruelle
S'est laissé toucher le cœur ;
Un moment trop tard près d'elle
Peut réveiller sa rigueur.)

La constance & la tendresse,
Les soins, les soupirs, les pleurs,
Rarement d'une Maitresse
Nous attirent les faveurs ;
Si le moment de foiblesse
Ne seconde nos ardeurs.

Ce n'est point le vrai mérite,
Qui fait un heureux Amant ;
On le prend comme on le quite
Par Caprice bien souvent.
La plus tendre réüssite
Ne dépend que d'un moment.

Amis, de cette Morale
Au Jeu d'Amour je conclus
Qu'un moment bien pris égale,
La Lucrece à la Venus ;
Mais si vous manquez la bale,
Zeste, Adieu n'y comptez plus.

C 2

Chers

Qui veut être agreable
Et plaire en un Festin,
Doit aporter à table,
Avec un air badin,

De

De la tendresse
Pour sa Maitresse,       } bis.
Et du goût pour le Vin.  }

Un fat qui se mutine,
Un Avare sans vin,
Amis qu'on l'examine
On voit que le vilain
Est sans tendresse
Pour sa Maitresse,       } bis.
Et sans goût pour le Vin. }

Quand un homme est à table
Auprès de sa Catin,
S'il vous paroit aimable,
Il a pour certain,
De la tendresse
Pour sa Maitresse,       } bis.
Et du goût pour le Vin.  }

Il faut, Jeunesse aimable,
Bannir de ce Festin
Tout homme insatiable,
Qui sensible au chagrin,
Est sans tendresse
Pour sa Maitresse,       } bis.
Et sans goût pour le Vin. }



Les

Les Chanſons les plus belles,
Et du goût le plus fin,
Chers Amis, ce ſont celles,
Où l'on trouve à la fin,
De la tendreſſe
Pour ſa Maitreſſe,    } bis.
Et du goût pour le Vin.

Je jure, troupe aimable,
Par ce verre de Vin,
Qu'au jeu comme à la table
Je vais toujours grand train,
Dans la tendreſſe
Pour ma Maitreſſe,    } bis,
Dans le goût pour le Vin.

Le plaiſir qu'on difère
Eſt toujours incertain :
Dans ce Siécle on préfère
Celui qui ſent ſoudain,
De la tendreſſe
Pour ſa Maitreſſe,    } bis.
Et du goût pour le Vin.

Ces hommes dont la Grece
Illuſtra le deſtin,
N'eurent de la ſageſſe

Le Partage Divin,
Que par tendresse
Pour leur Maitresse,          } bis.
Et par goût pour le Vin.

    Comme rien ne m'enchante
Que l'Amour & le Vin,
Je veux lorsque je chante
N'avoir pour tout refrain,
Que la tendresse
Pour ma Maitresse,          } bis.
Et du goût pour le Vin.

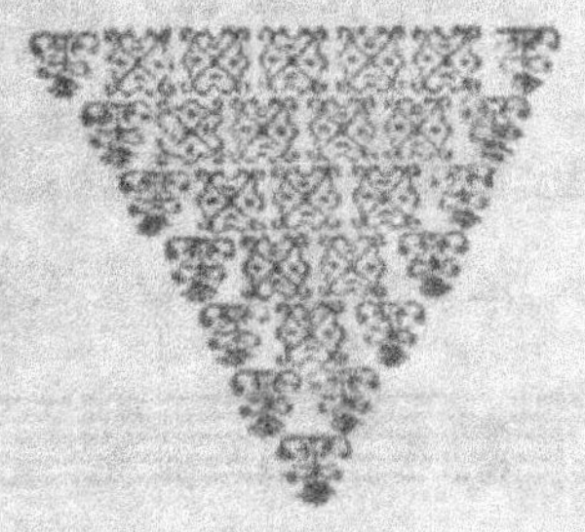

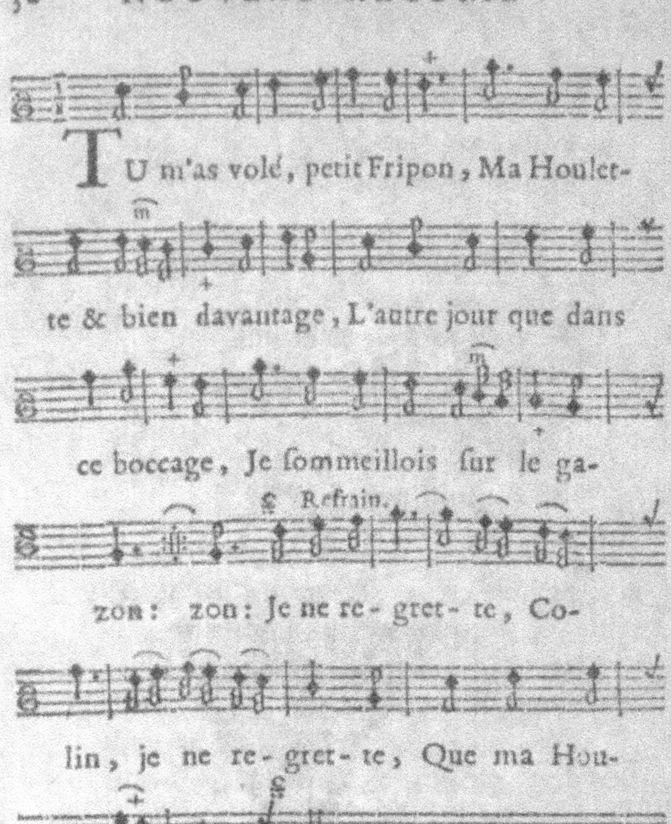


Je suis prête à tout pardonner,
Si tu voulois bien me la rendre,
Même ce qu'Amour t'a fait prendre,

Je

Je consens de te le donner:
Je ne regrette, Colin, je ne regrette,
   Que ma Houlette.

   Aussi-tôt Colin la rendit
Et la Belle tint sa promesse,
Mais de la prémière caresse
Cent autres sont bien-tôt le fruit;
Ah! qu'il m'en coûte, Colin, pour ma houlette,
   Lui dit Lisette.

   Colin redoubloit son ardeur,
Lisette avoit plus de foiblesse,
Enfin un transport de tendresse
Arracha ces mots de son cœur:
Ah! que mon ame, Colin, est satisfaite,
   J'ai ma Houlette.

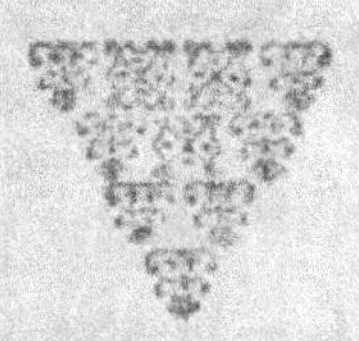

## LE PHILOSOPHE.

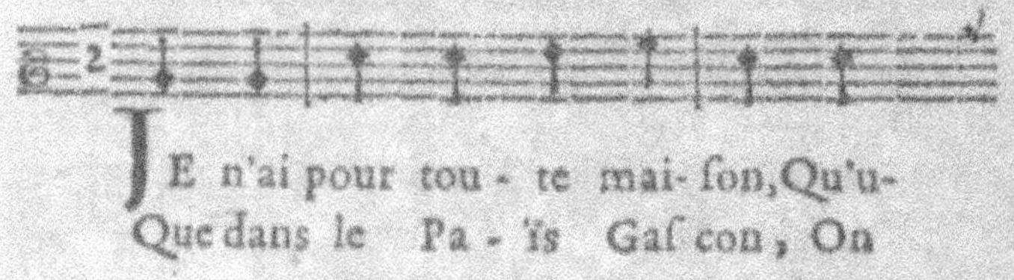


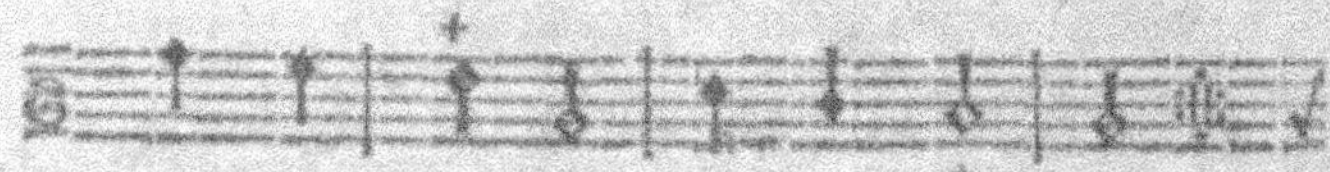

Refrain.

J'ai dans le même Canton
Une vigne pour héritage,
Je prends ſoin de la façon,
Les Dieux béniſſent mon ouvrage;

De

De ce bien j'ufe de mon mieux
Je ne garde point de Vin vieux.
La fin de mon dernier tonneau
M'annonce toûjours le nouveau.

Quand mes Amis font chez moi,
Ils penfent que je les régale ;
Car mon cœur leur dit pourquoi
Je leur fais chere fi frugale ;
A table ils paroiffent contens,
Nous y buvons fort & long-tems.
Je ne m'y mèts que le dernier ?
Mais je m'ennyvre le prémier.

Que la fortune à fon gré,
En impofe à ceux qu'elle jouë ;
Affis au dernier degré,
Je vois de loin tourner fa rouë :
Cette Déeffe, avec éclat,
Souvent revêtit un pied-plat ;
Je ris de toutes fes erreurs,
Et je renonce à fes faveurs.

Trop penfer eft un abus,
Qui veut prévoir eft miferable ;
Le paffé ne revient plus,
L'avenir eft impénétrable :

Le

Le préſent eſt donc le vrai bien,
Songeons à l'employer ſi bien,
Que d'un plaiſir qui va paſſant
Un autre renaiſſe à l'inſtant.

Du monde és-tu mécontent ?
Viens viſiter mon héritage ;
Tu ſauras bien-tôt comment
De la vie on doit faire uſage.
Ton cœur fut-il empoiſonné,
Du chagrin le plus obſtiné,
Ni la raiſon, ni le chagrin,
Ne tiendront pas contre mon vin.

Mau-

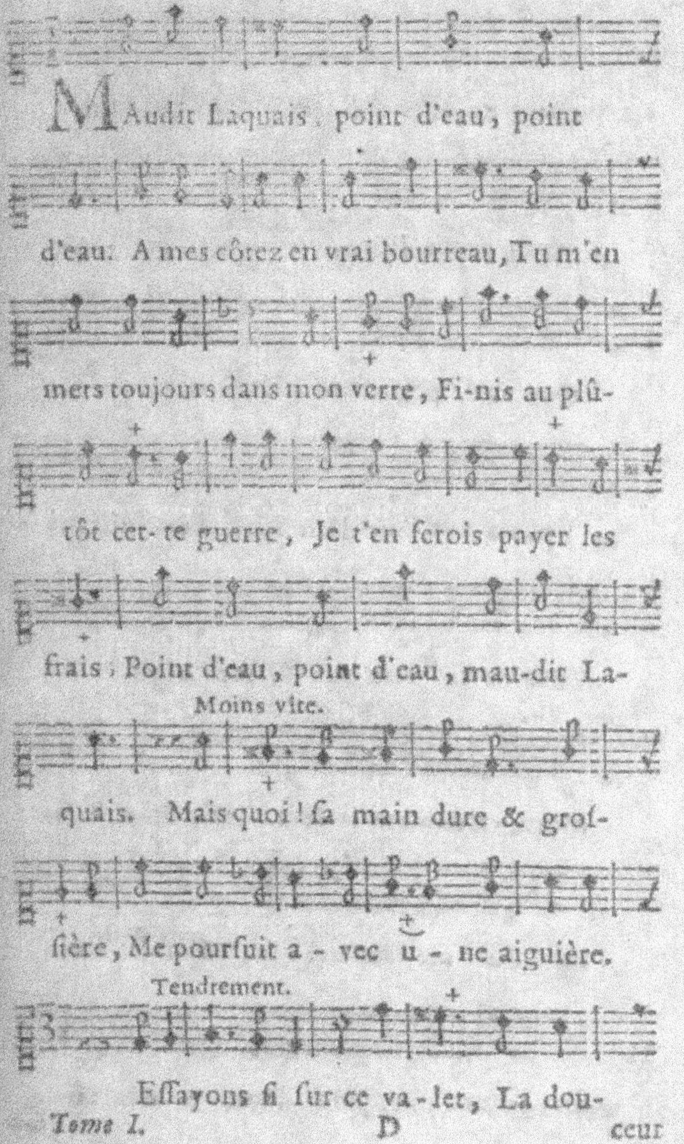
MAudit Laquais, point d'eau, point

d'eau: A mes côrez en vrai bourreau, Tu m'en

mets toujours dans mon verre, Fi-nis au plû-

tôt cet-te guerre, Je t'en ferois payer les

frais; Point d'eau, point d'eau, mau-dit La-

Moins vite.

quais. Mais quoi! fa main dure & grof-

fière, Me pourfuit a - vec u - ne aiguière.

Tendrement.

Effayons fi fur ce va-let, La dou-

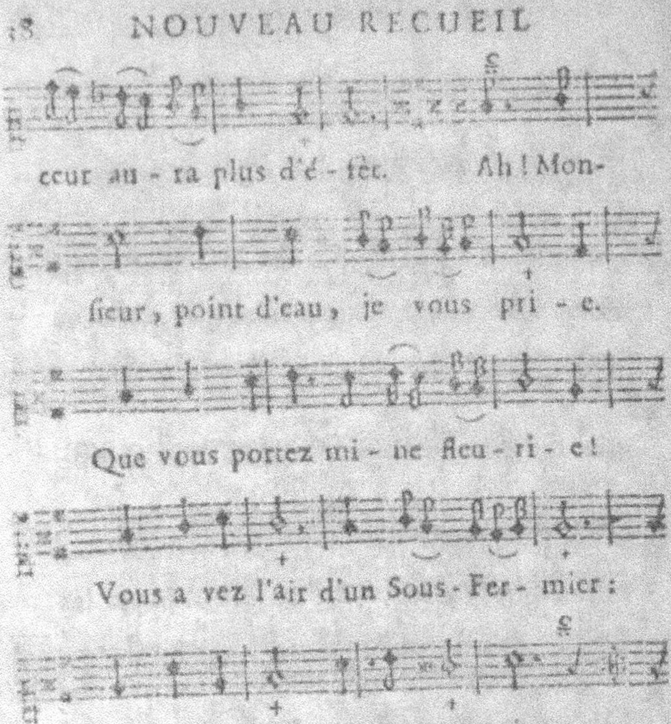
cœur au - ra plus d'é - fet.        Ah ! Mon-
sieur, point d'eau, je vous pri - e.
Que vous portez mi - ne fleu - ri - e !
Vous a vez l'air d'un Sous - Fer - mier :
Vous ne se - riez pas le pre - mier.

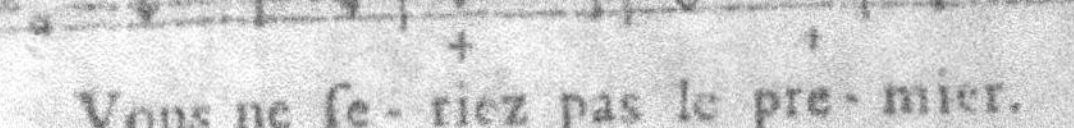
vite.

Mais, vainement je le ca - resse. Double fa-

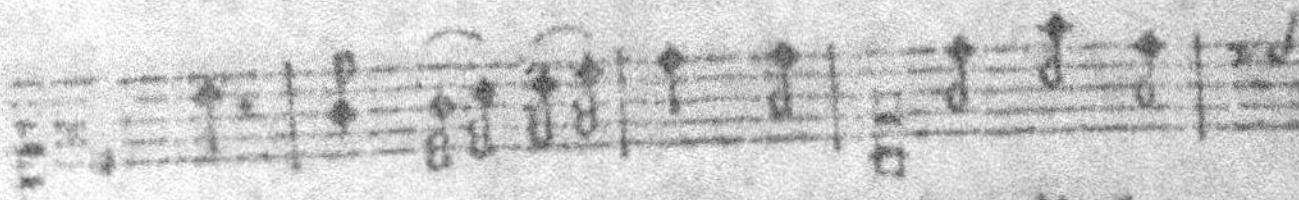
quin, a - me trai - tref - se , Mau-dit La-

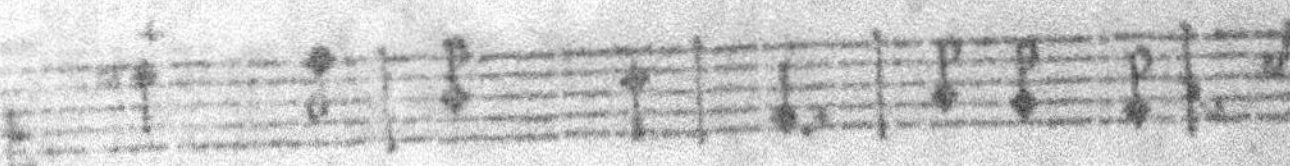
quais, point d'eau, point d'eau. A mes cô-

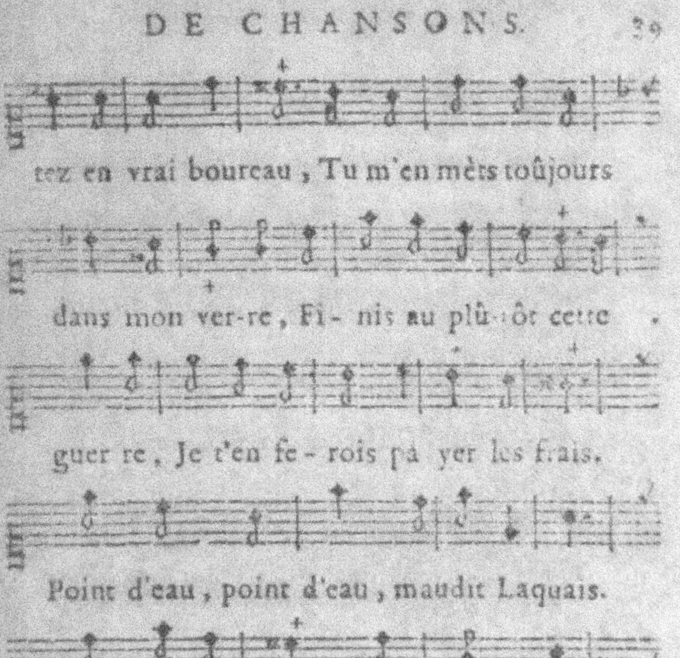
tez en vrai boureau, Tu m'en mèts toûjours
dans mon ver-re, Fi- nis au plû-tôt cette
guer re, Je t'en fe - rois pâ yer les frais.

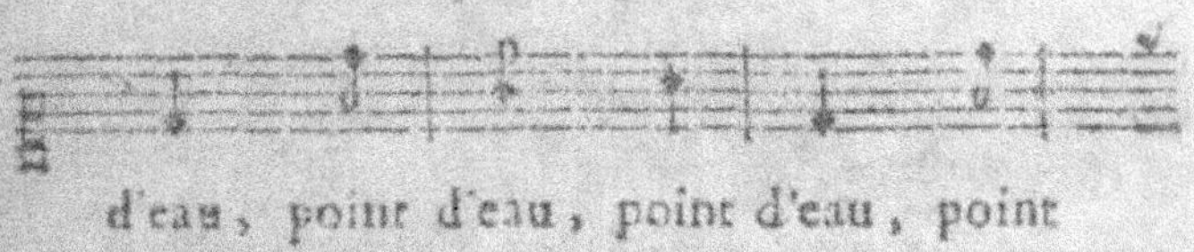
Point d'eau, point d'eau, maudit Laquais.

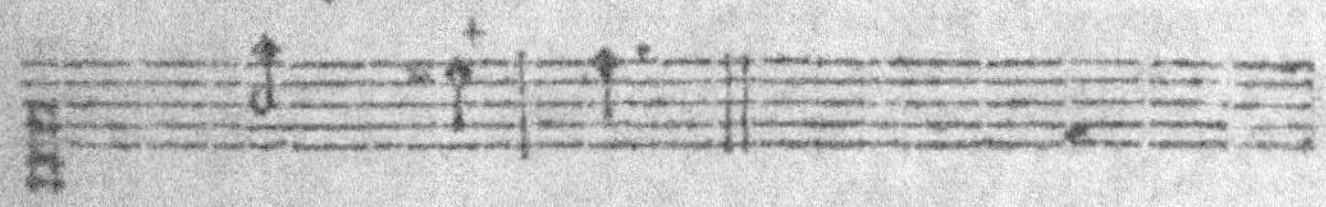
Mau - dit La - quais, point d'eau, point
d'eau, point d'eau, point d'eau, point

d'eau, point d'eau.

NOn, je n'irai plus, difoit Lifette, Avec

le beau Mirtil fous l'Ormeau, Loin du Ha-

meau, é-couter feulet-te La plainte in dif-

cre-te De fon Cha-lu-meau. Je crains

trop de m'y laiffer furprendre, Souvent un air

tendre Nous en fait en-ten-dre Bien plus

qu'il n'en faut : L'Amour s'en mêle & prend

le dé-faut.

Com-

## LA FANTASQUE.

plaît

plait : Si l'on veut chaud , vous voulez
frais ; Votre vi - o - lence est ex - trê-
me ! Comment voulez vous qu'on vous
ai - me ? La guerre est pour vous u - ne
Paix, Vous grondez Servante &  Laquais, Vous ne vous ai-mez pas vous même. Comment voulez-, &c.

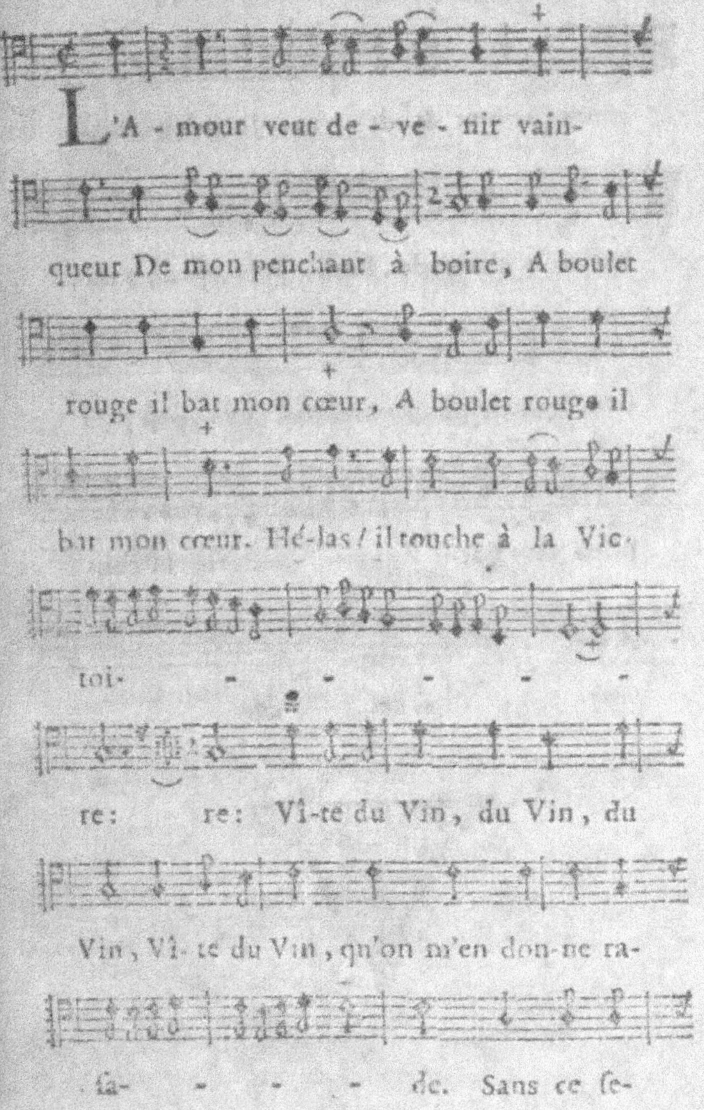

L'A - mour veut de - ve - nir vain-

queur De mon penchant à boire, A boulet

rouge il bat mon cœur, A boulet rouge il

bat mon cœur. Hé-las ! il touche à la Vic-

toi- - - - - re:      re: Vi-te du Vin, du Vin, du

Vin, Vi- te du Vin, qu'on m'en don-ne ra-

fa- - - - de. Sans ce se-

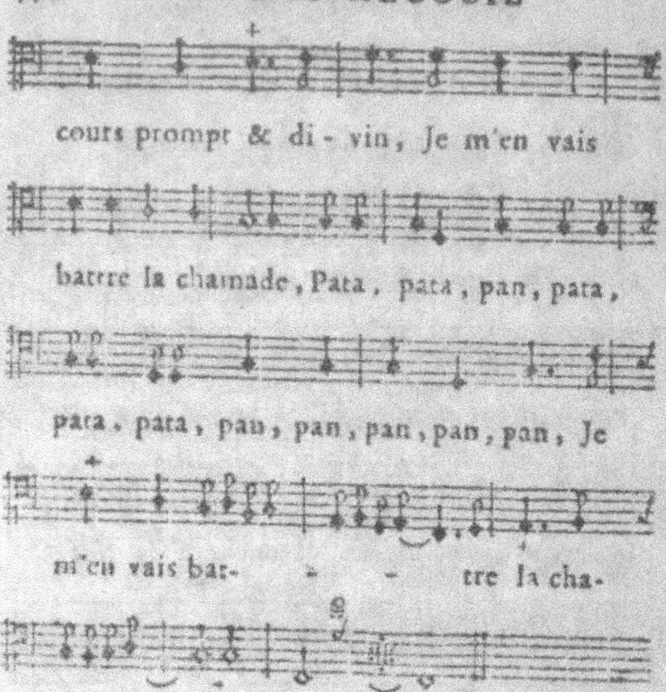
cours prompt & di - vin, Je m'en vais
batrre la chamade, Pata , pata , pan , pata ,
pata , pata , pan , pan , pan , pan , pan , Je
m'en vais bar- - tre la cha-
ma- - de. de.

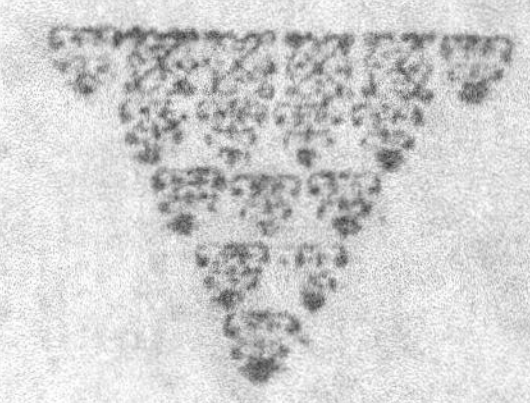

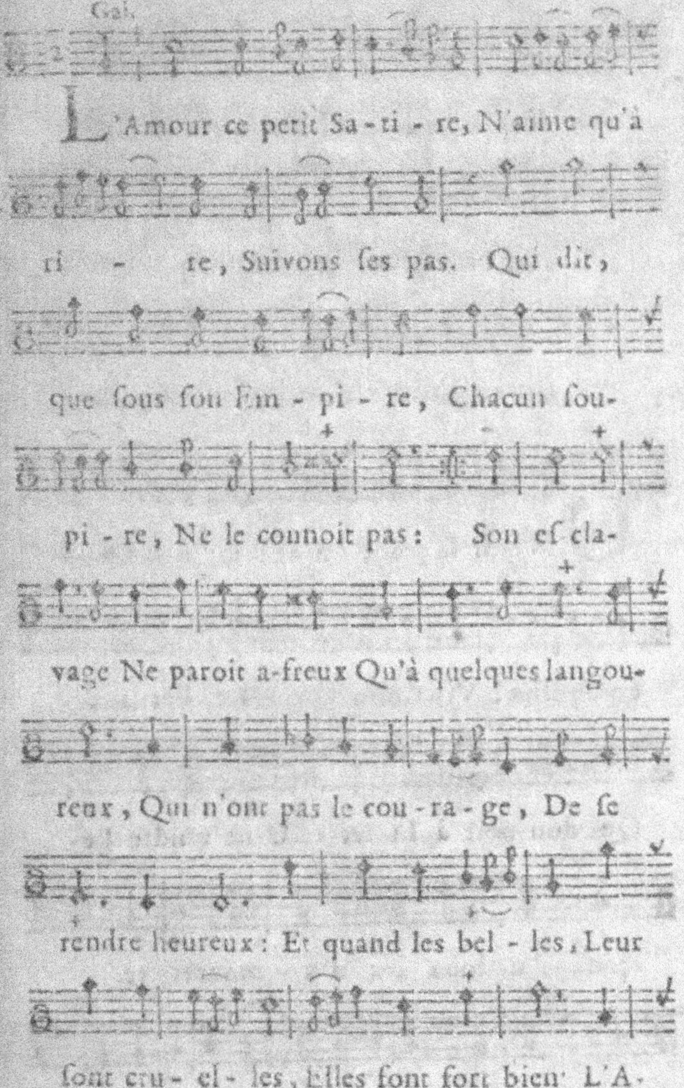
Gai.
L'Amour ce petit Sa - ti - re, N'aime qu'à
ri - re, Suivons ses pas. Qui dit,
que sous son Em - pi - re, Chacun sou-
pi - re, Ne le connoit pas: Son es cla-
vage Ne paroit a-freux Qu'à quelques langou-
reux, Qui n'ont pas le cou - ra - ge, De se
rendre heureux: Et quand les bel - les, Leur
font cru - el - les, Elles font fort bien· L'A-

mant

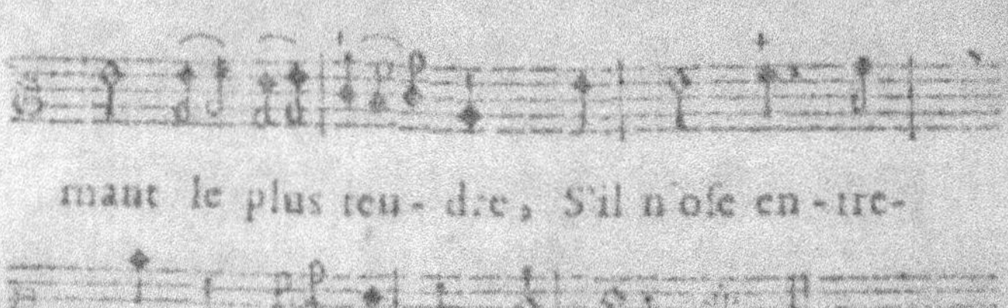
mant le plus ten- dre, S'il n'ose en- tre-
prendre, Ne mé-ri - te rien.

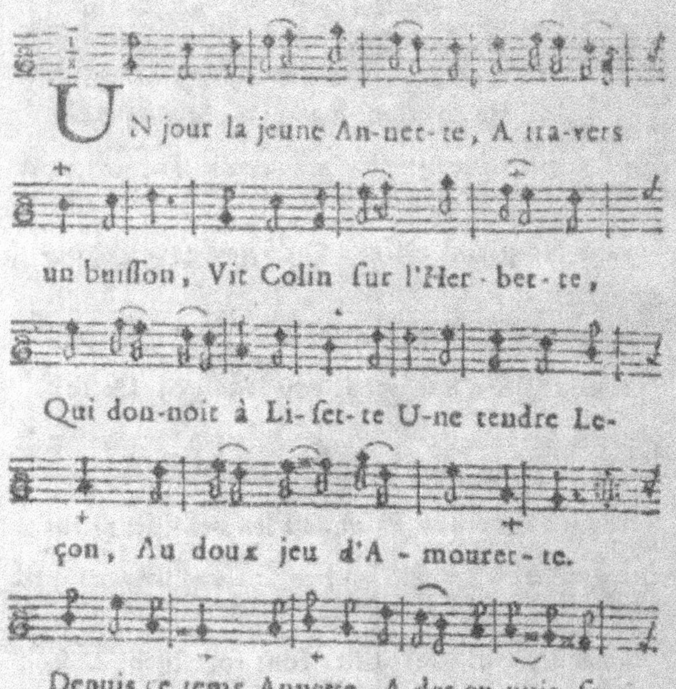
UN jour la jeune An-net- te, A tra-vers
un buisson, Vit Colin sur l'Her - bet- te,
Qui don-noit à Li- set- te U-ne tendre Leçon, Au doux jeu d'A - mouret- te.
Depuis ce tems Annette, A des en-nuis se-
crets,

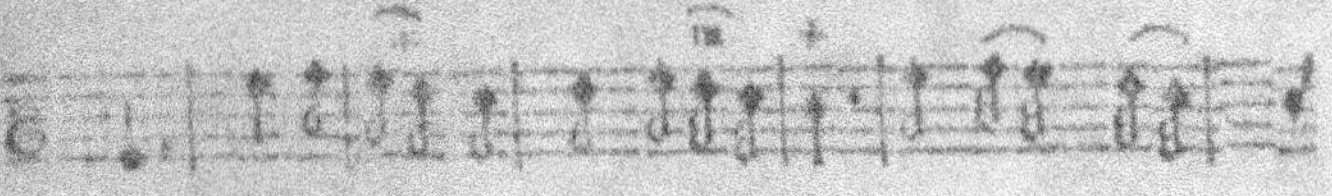
crets, Elle rê - ve feu - let - te, Elle erre en

nos fo - rêts, Et l'A- mour l'inqui - et - te,

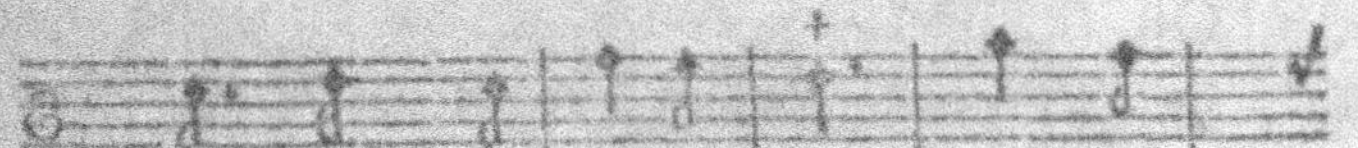
Pour l'a - voir vû de près , Et l'A-

mour l'in - qui - et - te, Pour l'avoir vû de

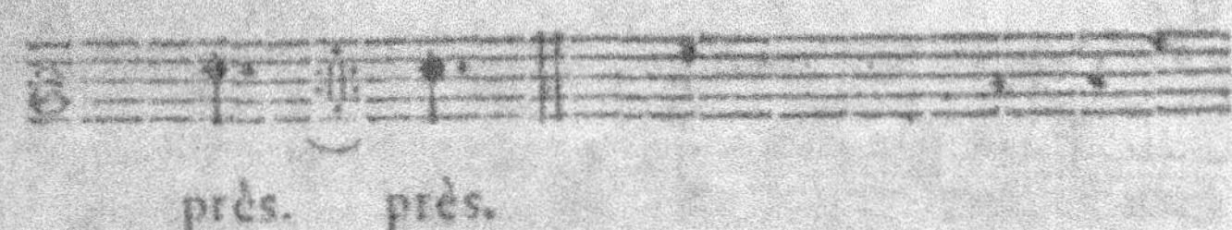
près.    près.

Mais il a beau faire & beau dire,
Quand il ſe rabat ſur le Vin,
C'eſt marque que le pauvre Sire
Eſt en Amour ſur ſon déclin;

Il est à bout, c'est un proscrit,
Qui fuyant après sa défaite ,
S'accroche à tout quand il périt ,
Et fait comme il peut sa retraite.

Jeunes cœurs près d'une Maîtresse ,
Laissez couler vos plus beaux jours,
Consacrez tout à la tendresse
Des momens faits par les Amours :
Mais devient-on vieux ou cassé,
Voici ce qu'en dit le grimoire,
Quand le tems d'aimer est passé,
C'est justement le tems de boire.

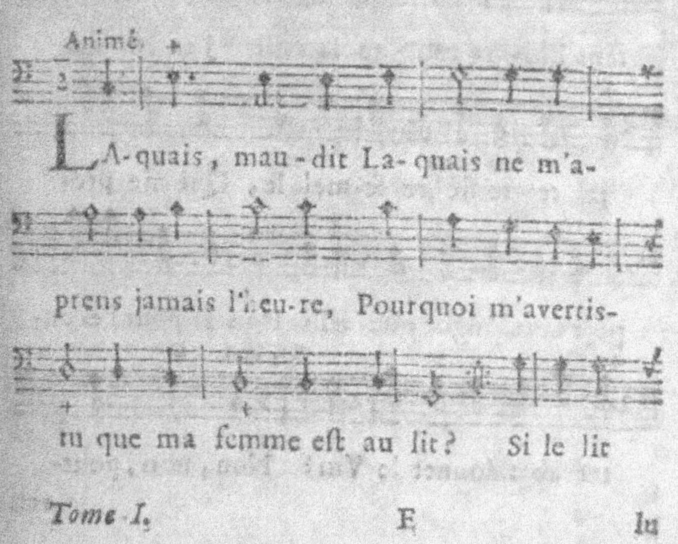

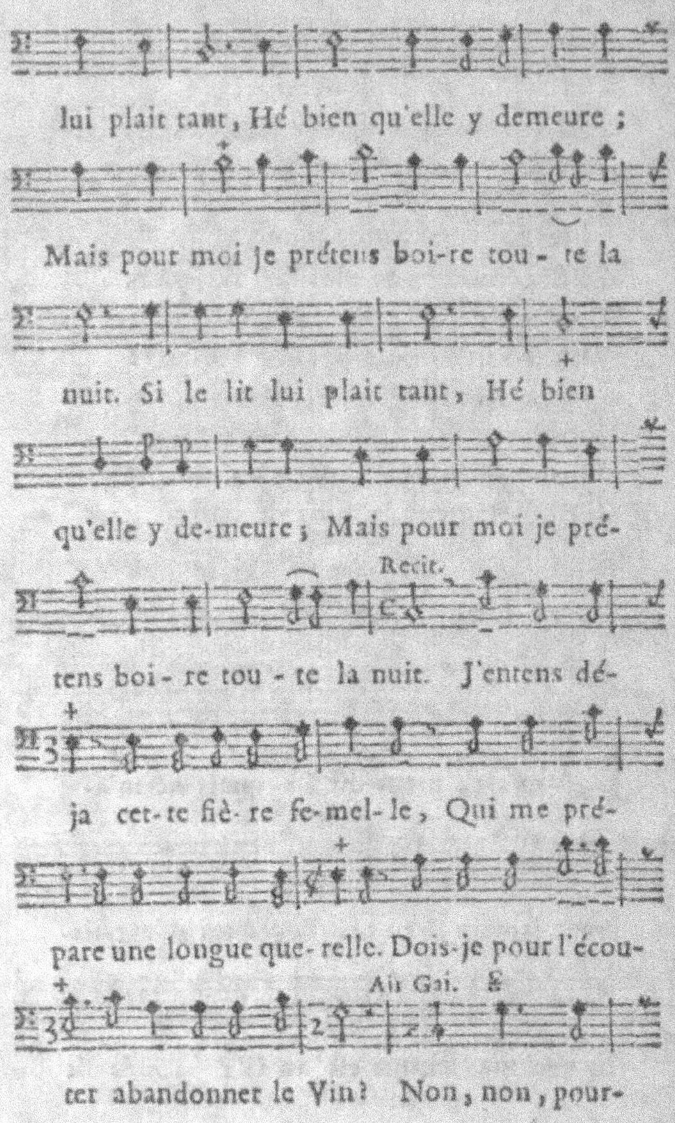

lui plait tant, Hé bien qu'elle y demeure ;
Mais pour moi je préteus boi-re tou - te la
nuit. Si le lit lui plait tant, Hé bien
qu'elle y de-meure ; Mais pour moi je pré-
Recit.
tens boi - re tou - te la nuit. J'entens déja cet-te fiè- re fe-mel- le, Qui me pré-
pare une longue que- relle. Dois-je pour l'écou-
Air Gai.
ter abandonner le Vin? Non, non, pour-

veu

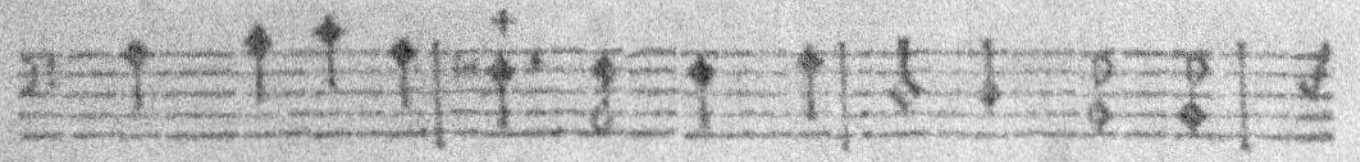
veu qu'i-ci ce jus toujours a-bonde , Ma ja-

louse m'attend en vain : Non , &c. vain. Que

cet-te nuit elle gronde, Je l'appaise- rai de-

main. Que cet - te nuit el - le gron-

- - de, Je l'ap-pai - se - rai de-

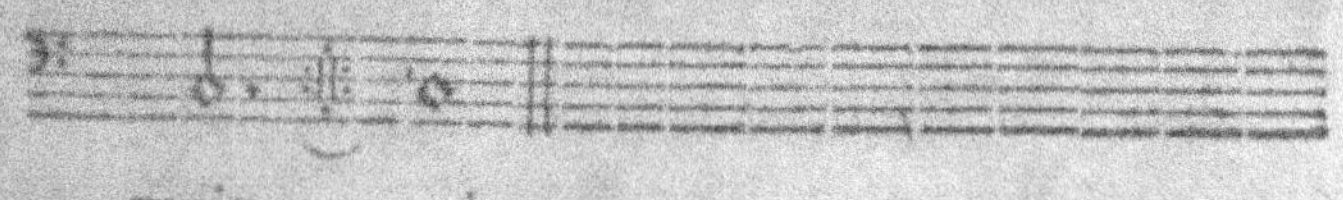
main. main.

Tendrement.

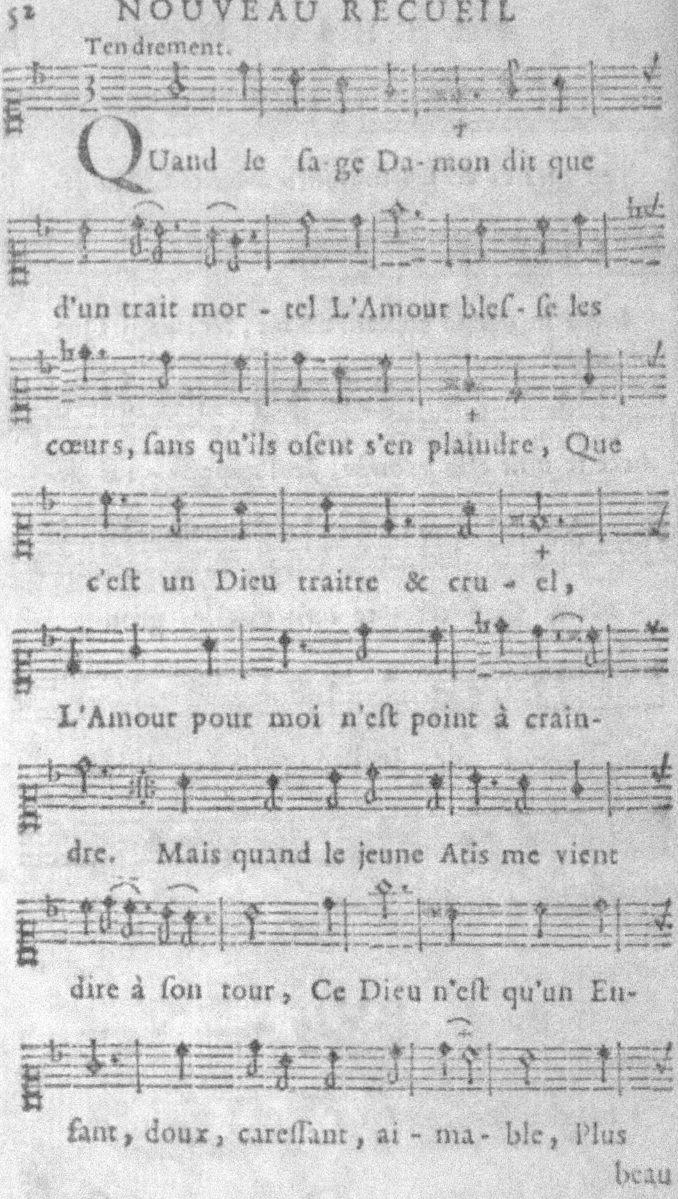



beau

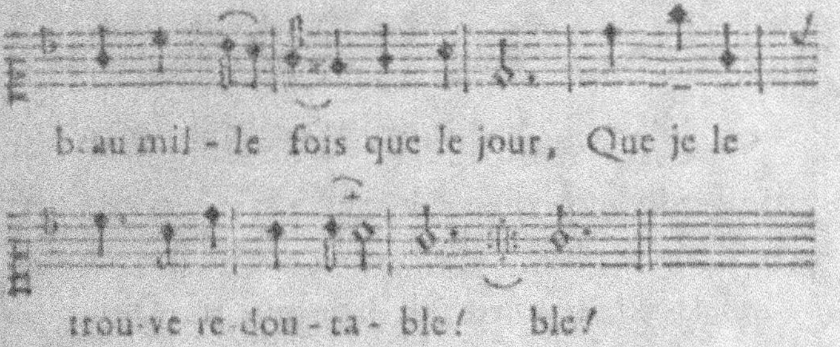

beau mil - le fois que le jour, Que je le
trou-ve re-dou-ta- ble! ble!

AMis dor-mez vous, ça re-veil-lez-
vous, Qu'on m'aporte à boi- re, Grand'
chère & bon Vin, Que faut-il encor Pour vous mettre en train? Eft-
ce une Chanson? En voi-ci le ton, Tous

Laiſſons les ſoupirs
Aux tendres Amans, que l'Amour obſede,
N'ayons de déſirs,
Que pour les bachiques plaiſirs:
Mais Dieux! quel ferment!
Je vois dans l'inſtant
Un œil ſéduiſant,
Qui me gagne le cœur. Cher Bachus, à mon aide.

C,a

Ça vîte du Vin,
Mon verre tout plein ;
Contre ce venin
C'est le remede souverain.

Dedans ce Festin,
Bachus à l'Amour cède la victoire :
Votre œil assassin
A plus de pouvoir que le Vin.
Vous voyant, hélas !
Le Dieu des repas
Mèt les armes bas,
Et ne nous porte plus que mollement à boire.
L'Étonnant retour !
Lui-même à son tour
Se trouve en ce jour
Moins yvre de Vin que d'Amour.

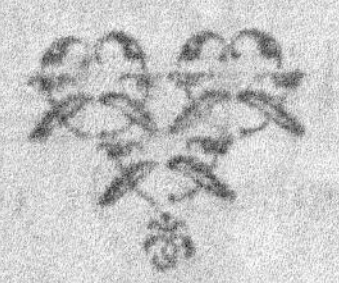

## MARCHE.

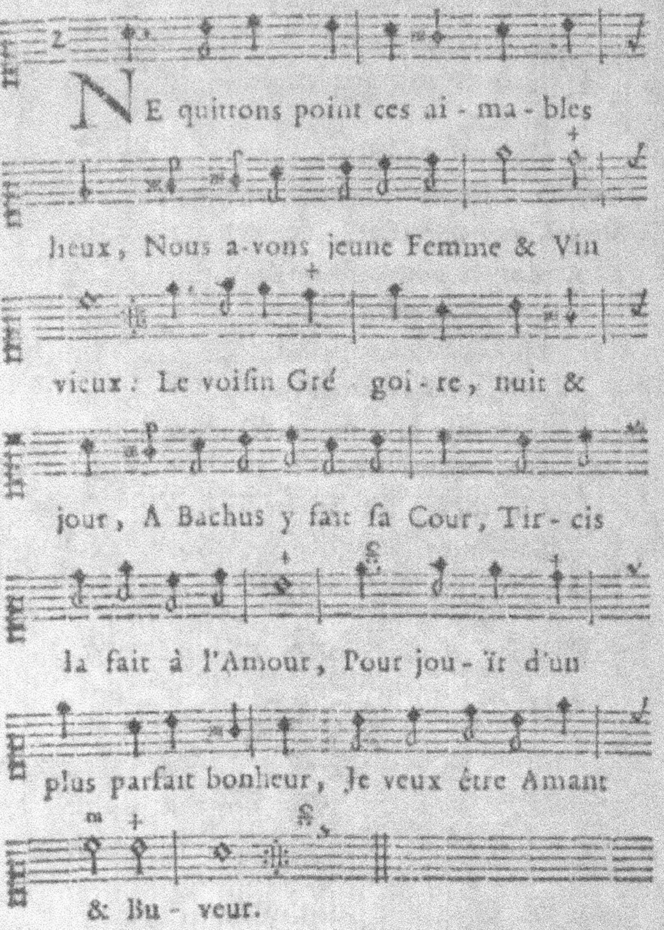


Je ne comprens pas, Amis Lucas, }
Ce qui peut causer ton embaras : } bis.

Nous

Nous n'avons point d'importuns ici,
  Ni ta Femme Dieu merci.
  D'où te viens donc ce souci ?
  Se feroit-elle fait un Ami ?
  Craindrois-tu le Mississipi ?

  Non, je ne crains point cet embaras, } bis.
Tout Païs à pour moi des appas,
J'irai dans ces fortunez climats
  Y planter le bois tortu,
  D'échalats bien revêtu,
  Et l'on parlera bien-tôt ici.
  Du Noé du Mississipi.

  Qu'on m'ôte ces Vases superflus; } bis.
Se servir d'un verre est un abus :
A petits coups vuider un flaçon,
  Le detail en est trop long.
  Morbleu, je ne bois point par extrait
  Je veux l'avaler d'un trait.

  L'Amour & le Vin dans un Festin } bis.
Tour à tour me font un destin.
Quand je suis auprès de ma Catin,
  D'une main je prends son sein,
  Et de l'autre un verre plein :
  Je trouve, en caressant tous les deux,
  L'unique moien d'être heureux.

Vous

## MUSETTE.

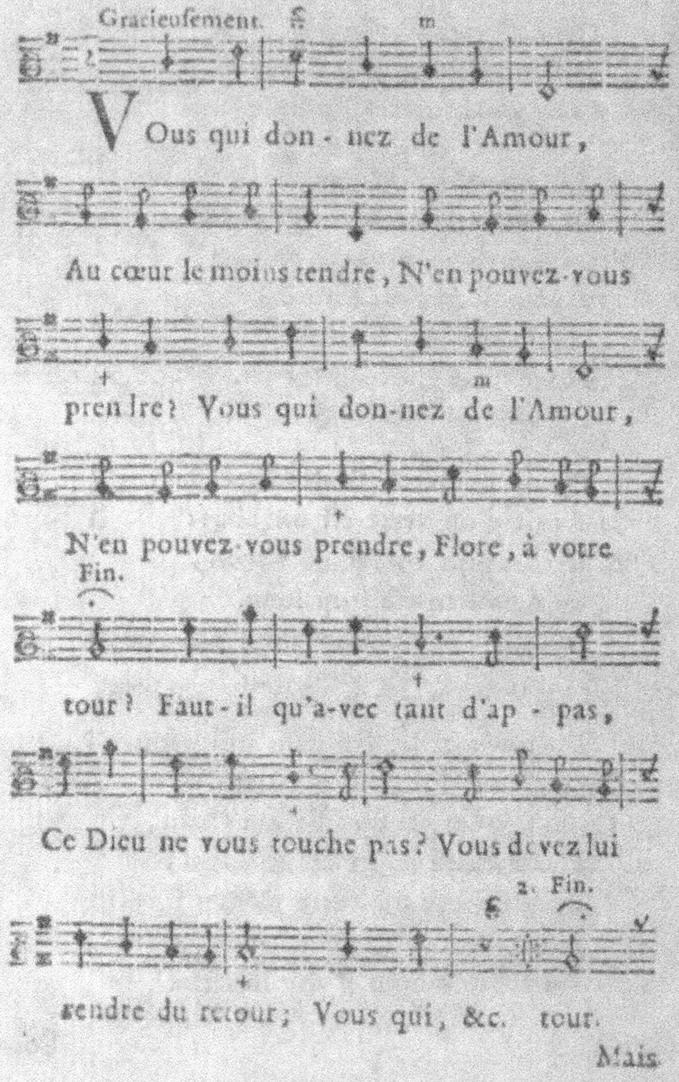


Mais

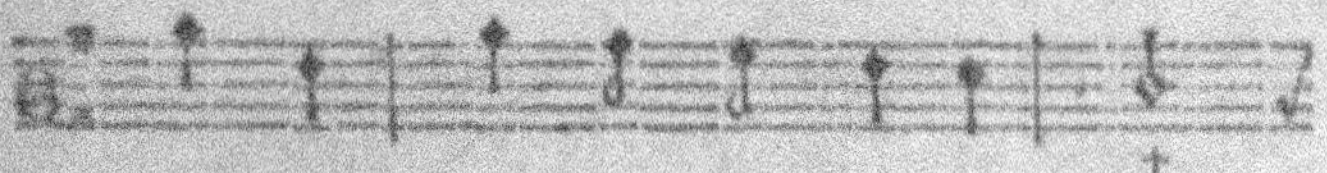


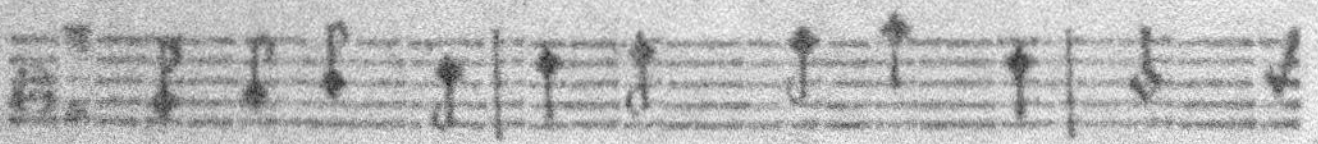


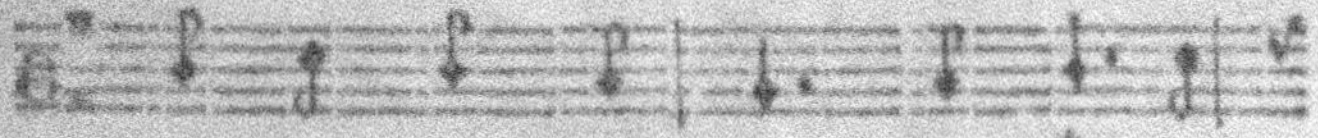


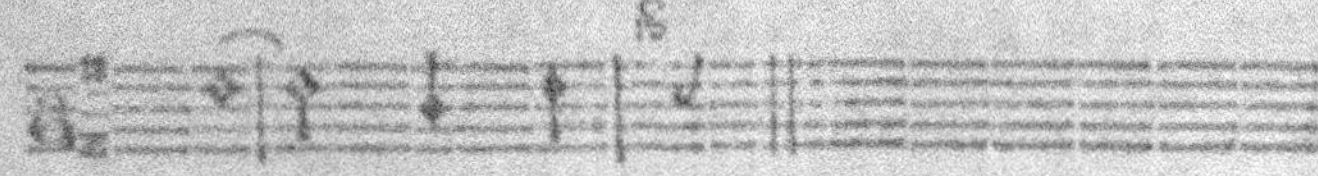


L'Amour comble enfin vos vœux,
Ceſſez de vous plaindre,
C'eſt à moi de craindre :
L'Amour comble enfin vos vœux,
C'eſt à moi de craindre en vous rendant heureux.

Triomphez de mes rigueurs,
Brulons des mêmes ardeurs,
Je ne puis plus feindre d'autres feux;

L'Amour comble, &c.

Cher

Cher Tircis uniffons nos cœurs,
Goutons de l'Amour les tendres douceurs,
Momens précieux ferrez nos nœuds?

L'Amour comble, &c.

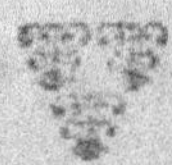

Toi qui guéris de l'Amour,
Charmante bouteille,
Doux Jus de la Treille;
Toi qui guéris de l'Amour,
Charmante bouteille, vien à mon fecours.

L'Amour eft un Dieu malin,
Chez lui nul heureux deftin:
Tes plaifirs font purs & fans détour.

Toi qui guéris, &c.

Les yeux de l'aimable Catin
Empruntent leurs feux de ton Jus divin;
Mais que ta liqueur calme mon cœur!

Toi qui guéris, &c.

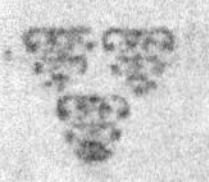

Qu'il

Qu'il m'est doux d'être pêcheur,
  Quand je m'examine,
  Aux pieds de Dorine;
Qu'il m'est doux d'être pêcheur,
Quand j'ai ma Dorine pour mon Confesseur.

  Je m'accuse & me repens
  D'avoir tardé trop long-tems,
A lui consacrer mon tendre cœur.

Qu'il m'est doux, &c.

  Un acte de contrition,
Charmante Dorine, vaut un pardon,
  Chez le plus austère Directeur.

Qu'il m'est doux, &c.

## L'HOTESSE SCRUPULEUSE.

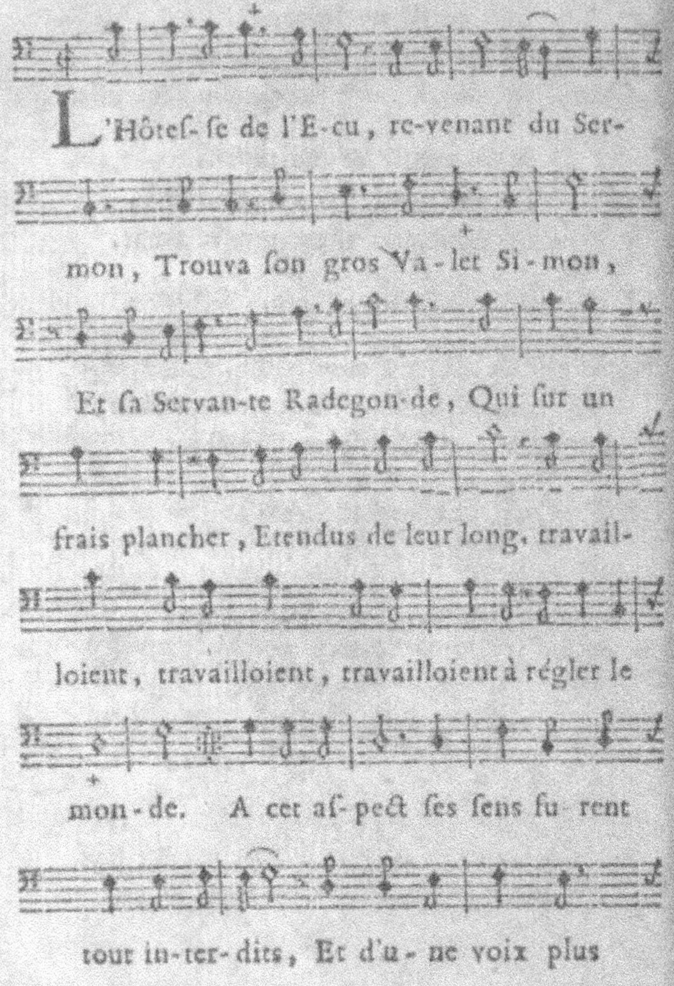


for-

for- te qu'un ton- ner-   -   -   -
re, Hors d'ici, hors d'ici, leur dit-elle, al-
lez dans vos Taudis, Domestiques mau-

dits. Est - ce dans mon lo - gis, Où
j'ai qua-ran - te lits, Bien garnis, Qu'il

faut cou-cher par ter - re? re?

## CHANSON EN BRANLE.

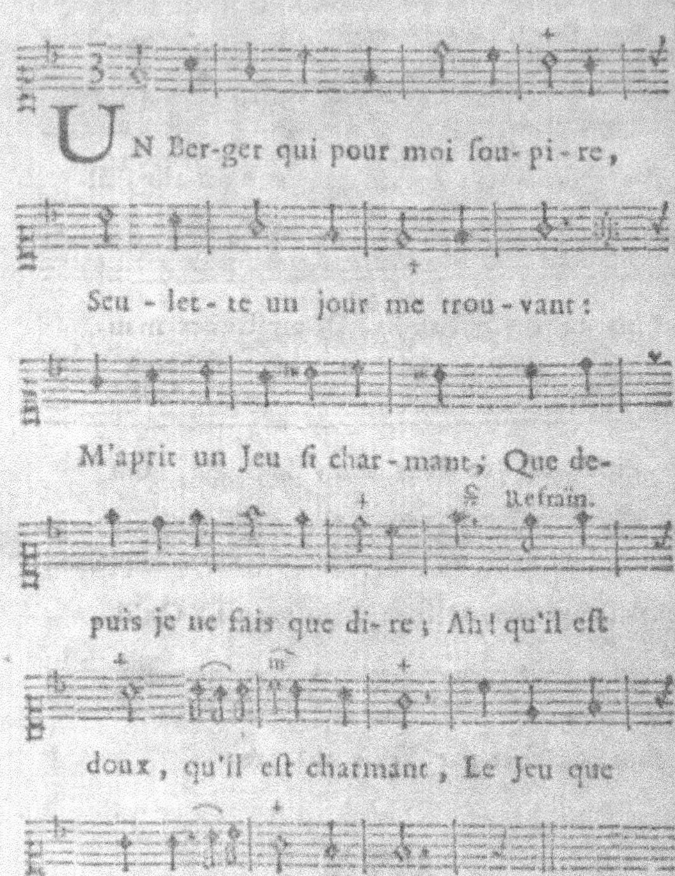


Je

Je croyois être moins habile,
Qu'en effèr je ne la fus:
Quatre ou cinq leçons de plus
Me le rendirent facile.
Ah! qu'il est doux, &c.


Tous les autres Jeux du Village
N'ont plus de charmes pour moi,
Je ne fai pas bien pourquoi
Celui-ci me plait d'avantage.
Ah! qu'il est doux, &c.


Voici comme ce Jeu commence;
Le trouble peint dans les yeux,
L'Air timide & gracieux,
Mon Berger près de moi s'avance.
Ah! qu'il est doux, &c.


Il me regarde, puis foupire,
Et d'un Air naïf & doux,
Ah! Bergère, laiffez-vous,
Bergère, laiffez-vous inftruire.
Ah! qu'il est doux, &c.

Dans l'ardeur qui brûle son ame,
Il me demande un baiser :
Je feins de le refuser :
Ce refus tous deux nous enflame.
Ah ! qu'il est doux, &c.

Je reviens de mon trouble extrême :
Mais, qu'aperçois-je, grands Dieux !
Mon Berger victorieux
Presque aussi troublé que moi-même !
Ah ! qu'il est doux, &c.

C'est le joli Jeu d'Amourette.
Vous toutes, qui le joüiez,
Avec franchise avoüez,
Qu'il est doux quand on le repette,
Le Jeu mignon, le Jeu charmant,
Le Jeu que m'aprit mon Amant.

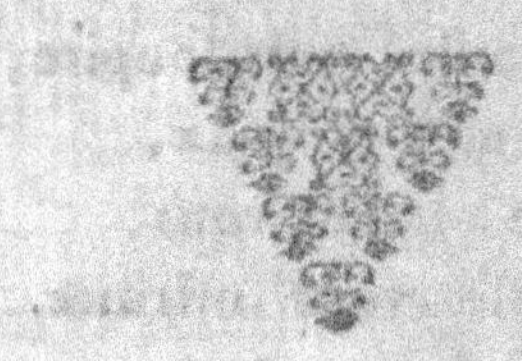

LA trop tendre A-li-fon, Sur un

ga - zon, Près d'un buif - fon,

D'un Air fri-pon, Ca-ref-foit fon Mou-

ton. Son Ber - ger la vo - yoit,

Grands Dieux! qu'il s'y plai - foit.

Elle en-ten dit du bruit, El-le fuit, Dans

le bois prochain, il l'a fuit. D'abord on rou-

git, Puis on fe défendit, Et puis on fe ren-

dit

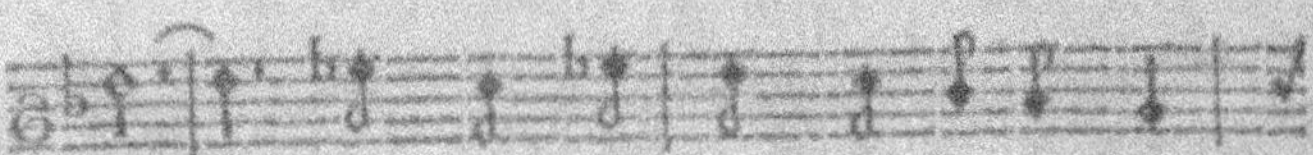


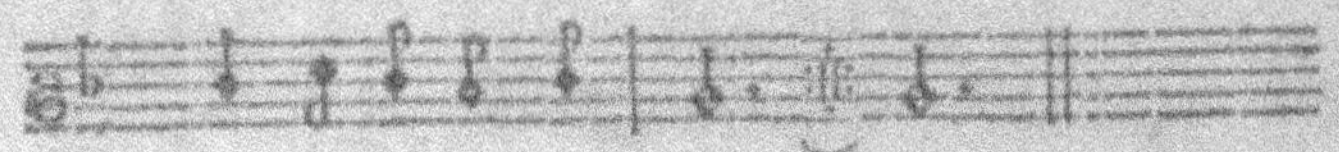

## LE VOISINAGE.

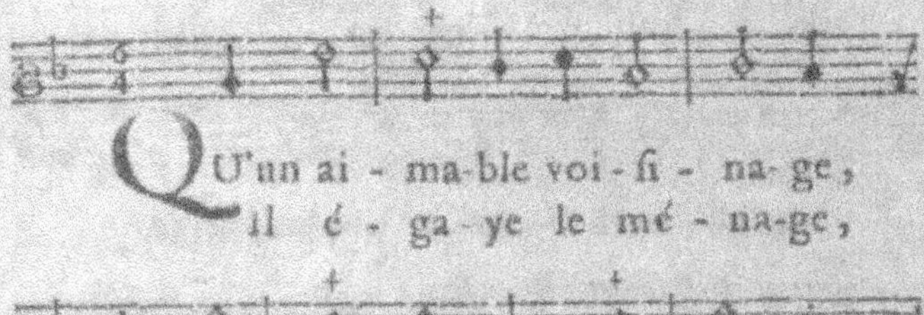


Refrain.

fin

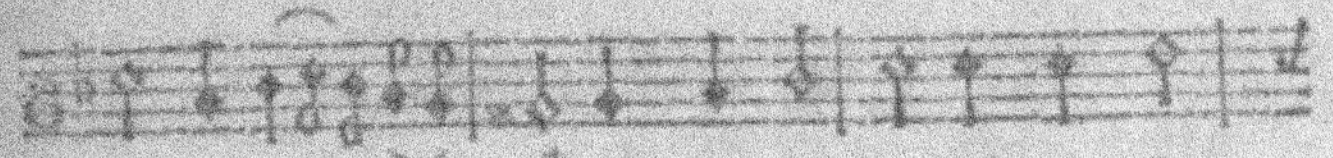


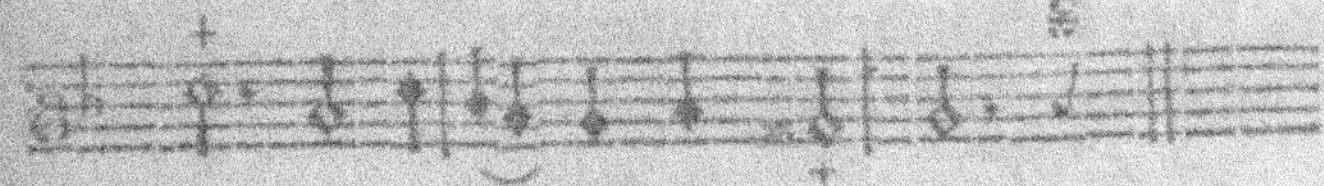


L'on coquette, l'on babille,
Si-tôt qu'on est éveillé;
Les reprises de quadrille
S'y font en deshabillé.
Quand la maison est si proche,
L'on n'a qu'à sonner la cloche,
Tout aussi-tôt le Voisin
Accourt à votre besoin.

La Voisine à sa toilette
Reçoit le Voisin coquet,
Il lui conte la fleurette,
Pare son sein d'un bouquet:
Il vient tenir la pelote
Et serrer la papillotte;
Car un Voisin fort souvent
Est amoureux & galant.

Ja-

Jamais Voisin n'importune,
Avec lui point de façon ;
Le matin, ou sur la brune,
Pour lui s'ouvre la maison :
Car rarement une Epouse
De sa Voisine est jalouse,
Et l'on ne voit point d'Epoux
Qui d'un Voisin soit jaloux.

Quand dans un lointain boccage
Les Voisins chassent tous deux,
On aporte son ouvrage,
On fait ensemble des nœuds :
Voisines d'intelligence,
Se font quelque confidence,
Et l'on se dit en secret,
Ceux qu'on aime, ou ceux qu'on hait.

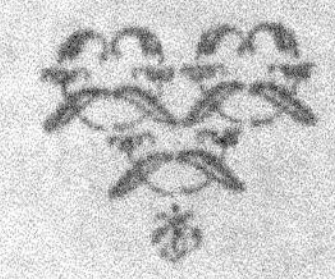

Thi-

## ELOGE DES FEMMES.

tail-le : Tu n'ofres rien qui vail-le ; Tout le


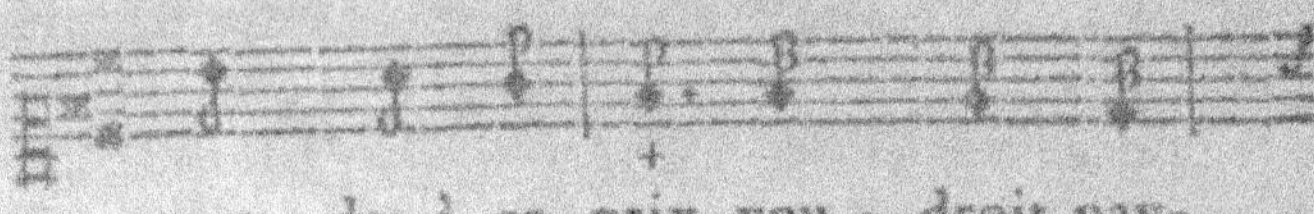

mon-de à ce prix vou - droit pay-


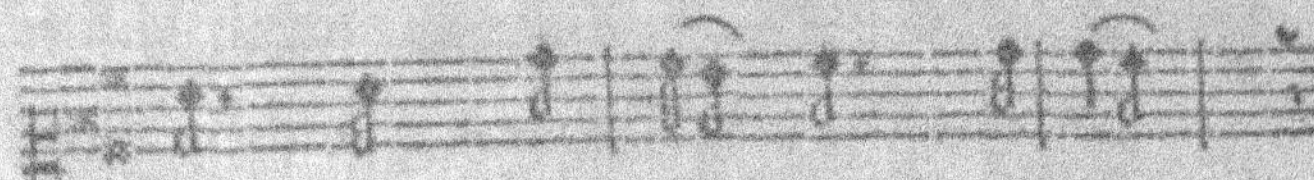

er, Vou-droit pay - er , la tail-

le. Com-, &c.     le.

## BOUQUET.

CHantons les A-mours de Jeanne,
Chantons les Amours de Jean, Rien n'est
si charmant que Jeanne, Rien n'est si jo-
S. Refrain.
li que Jean:    Jean ai-me Jean-ne,
Jeanne aime Jean, Jo-li, jo-li Jean aime
Jeanne, Jeanne, Jeanne jeune Jeanne aime
jo - li Jean.    Jean.

Endimion & Diane
S'aimèrent moins tendrement ;
Bachus auprès d'Ariane
N'étoit pas si tendre Amant.
Jean aime Jeanne,
Jeanne, &c.

Dans une simple Cabanne
Comme en un Palais brillant,
Jean reçoit l'Amour de Jeanne,
Et Jeanne celui de Jean.
Jean aime Jeanne,
Jeanne, &c.

Si l'amour de Jeanne est grande,
Grande est l'amitié de Jean ;
Ce que l'un des deux demande
L'autre aussi-tôt y consent.
Jean aime Jeanne,
Jeanne, &c.

Toujours dit oui notre Jeanne,
Et non, jamais ne dit Jean ;
Ce que l'un des deux condamne,
L'autre aussi tôt le défend.
Jean aime Jeanne,
Jeanne, &c.

Quand

Quand on voit paroitre Jeanne,
On voit bien-tôt venir Jean ;
On voit bien tôt venir Jeanne ,
Quand on voit paroitre Jean.
Jean aime Jeanne,
    Jeanne, &c.

Quand Jean trinque sa Tocanne ,
Jeanne taupe à son Amant ;
Comme dans l'eau vit la canne ,
Le Vin est leur élement.
Jean aime Jeanne,
Jeanne, &c.

Jamais son tein ne se fane,
Car elle met fort souvent,
D'un Coloris diafane
Qui le rend vif & brillant :
Jean aime Jeanne,
Jeanne, &c.

Le Vin leur montant au crâne,
Les assoupit en buvant,
Si l'Amour reveille Jeanne ;
Il reveille bien-tôt Jean.
Jean aime Jeanne,
Jeanne, &c.

Apprenez Amans profanes
A former des nœuds charmans ;
Sur l'Amour de Jean, de Jeanne,
Reglez vos engagemens.
Jean aime Jeanne,
Jeanne, &c.

vi-

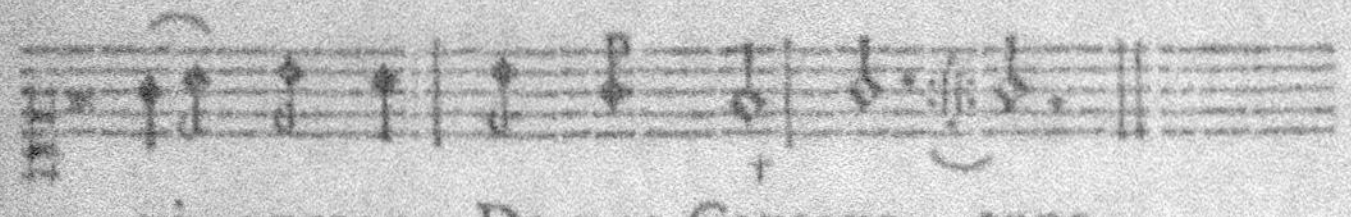


Je vais mourir,
Daignez me secourir,
Disoit Tircis,
Assis près de Cloris;
D'un Amant
Soulagez le rigoureux tourment:
Que j'obtienne votre compassion,
Votre compassion,
Ah! que de façon!

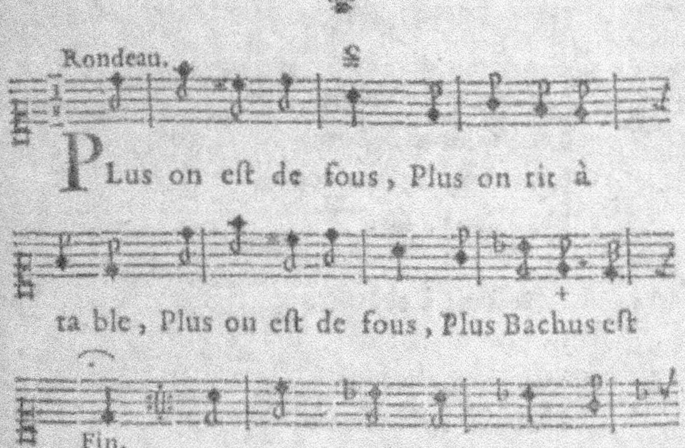

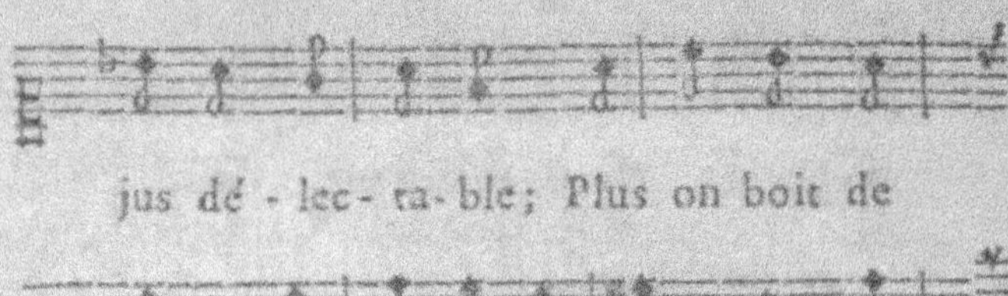


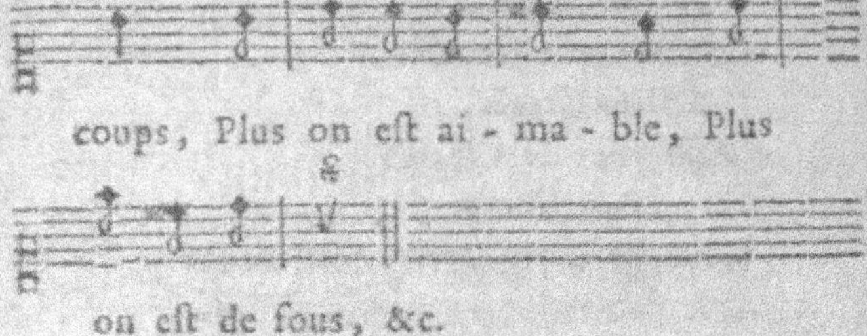




Plus dans un repas
Est nombreuse troupe,
Plus dans un repas
On fait de fracas;
Avec plus d'appas
On vuide la coupe,
On a plus de plats,
L'un sert, l'autre coupe.
Plus dans, &c.

Je bois à chacun,
Je bois à chacune,
Je bois à chacun,
D'abord en commun.

Ee

Et crainte qu'aucun
N'ait de la rancune,
Je bois à chacun,
Plûtôt deux fois qu'une.
Je bois à, &c.

   Portant des santez,
Bien mieux je me porte,
Portant des santez ;
De tous les côtez.
Je bois aux beautez,
Et je vous la porte.
Vous, Laquais, sortez ;
Qu'on ferme la porte.
Portant des, &c.

   En faisant raison,
Je noye la mienne,
En faisant raison,
Je bois à foison.
Ami, sans façon,
Rien ne nous retienne:
Bois à ma Fanchon,
Je bois à la tienne.
En faisant, &c.

G 4

Bien ou mal-traité,
Buvons-y, qu'importe,
Bien ou mal traité,
Buvons leur santé.
Car plus la beauté,
Qui mon cœur transporte,
A de cruauté,
Plus la doze est forte.
Bien ou, &c.

A moi, Bourguignon,
J'ai la courte haleine,
A moi, Bourguignon,
Mon cher Compagnon.
La soupe à l'oignon,
Rend la tête saine,
Fai m'en, mon mignon,
La terrine plaine.
A moi, &c.

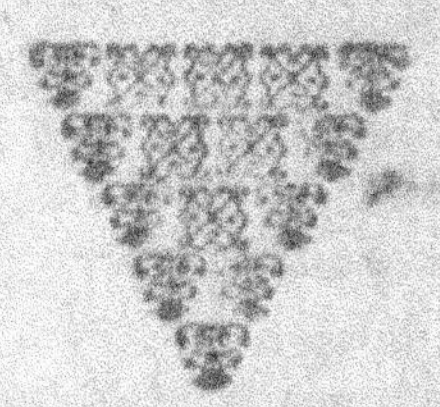

## LA BAGATELLE.

le tendre Amour de ce couple ſi-delle, I-

ris

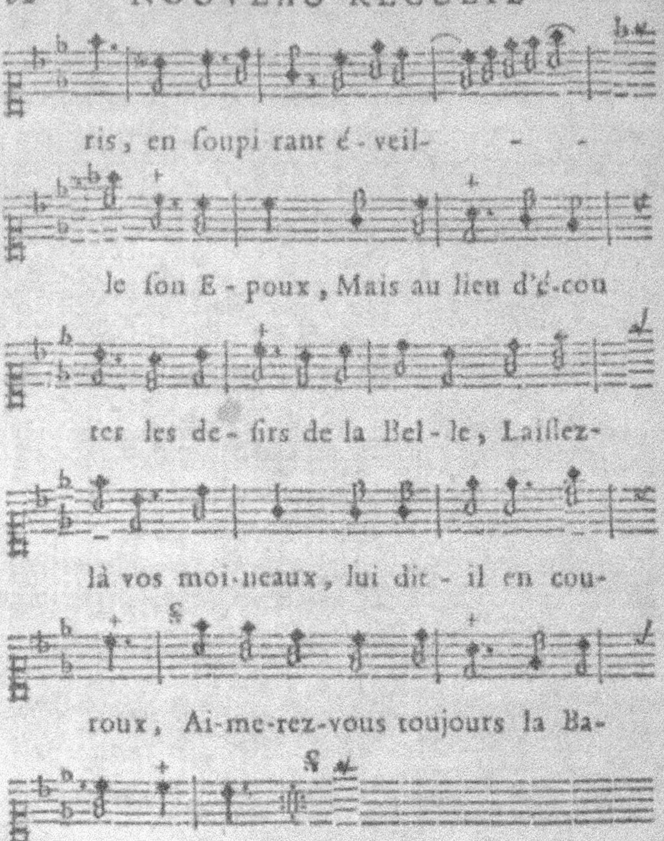

ris, en foupi rant é - veil - -
le fon E - poux, Mais au lieu d'é-cou
ter les de - firs de la Bel - le, Laiflez-
là vos moi-neaux, lui dit - il en couroux, Ai-me-rez-vous toujours la Ba-
ga - tel - le ?

Une

## PASTORALE, OU DIALOGUE.

### TIRCIS.

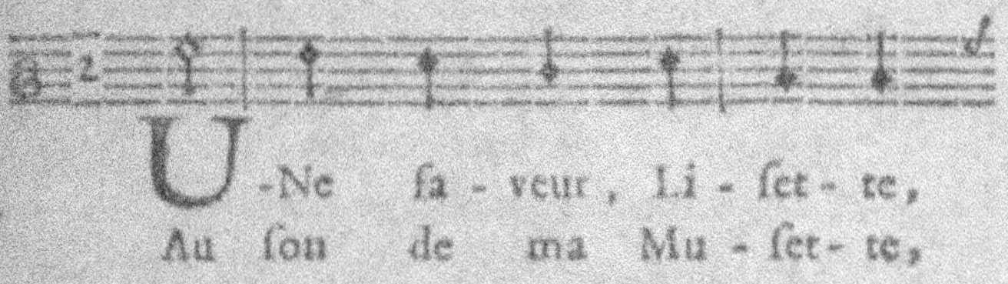

&c Refrain.

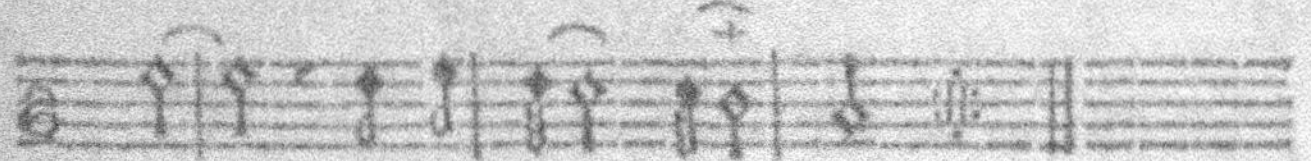


Pour toi dans la prairie,
Je faifois un bouquèt,
Je l'oftrois à Silvie
D'un air affez coquèt;

Je

Je feins de rendre hommage
A de nouveaux appas ;
Tu n'en prens point d'ombrage :
Non, tu ne m'aimes pas.

Quand te trouvant seulette,
Je conte ma langueur,
Tu parois inquiette,
Ton esprit est rêveur.
L'absence de Silvandre
Cause ton embarras ;
Ton cœur souffre à m'entendre :
Non, tu ne m'aime pas.

Lorsque dessus l'Herbette,
Mon Chien vient te flater,
D'un coup de ta houlette
Ou te voit l'écarter ;
Et quand le sien, cruelle,
Par hazard suit tes pas,
Par son nom tu l'appelle :
Non, tu ne m'aimes pas.

L'autre jour dans la danse,
Avec moi sous l'Ormeau,
Tu suivois la cadence
De mon doux Chalumeau ;

De loin tu vis Silvandre,
Et tu fis un faux pas ;
Je fus bien le comprendre :
Non, tu ne m'aimes pas.

Son ame fut ravie,
Mon pipeau s'en rompit ;
Et la Danse finie,
( J'en rougis de dépit.)
Ce Berger d'un air tendre
Te dit un mot tout bas,
Et tu daignas l'entendre :
Non, tu ne m'aimes pas.

## LISETTE.

Si j'entends sa Musette,
C'est que ses Airs sont gais ;
Pour une Chansonnette,
Quel vacarme tu fais !
A force de te plaindre,
Tu me chagrineras,
Si tu veux me contraindre :
Non tu ne m'aimes pas.

## TIRCIS.

Pardon, belle Lisette,
J'embrasse tes genoux ;
Mon humeur inquiète
Merite ton couroux.
Est-ce à moi de me plaindre ?
Fais ce que tu voudras :
Si j'ai pu te contraindre,
Non, je ne t'aime pas.

## LISETTE.

Qu'un Berger est aimable,
Qui se soumèt ainsi !
Te voyant raisonnable,
Je la deviens aussi.
Je laisse de Silvandre,
La Musette & la voix,
Je ne veux plus l'entendre :
Vien me mener au Bois.

LES

## LES VENDANGES.

*Sur le même Air.*

Dans la vigne à Claudine
Les Vendangeurs y vont ;
On choisit à la mine,
Ceux qui vendangeront :
Aux Vendangeurs qui brillent
On y donne le pas :
Les autres y grapillent,
Mais n'y vendangent pas.

Sur la fin de l'Automne,
Vint un joli Vieillard,
Si la Vendange est bonne,
J'en veux avoir ma part !
Cette prudente Fille
Lui répondit tout bas,
Vieux Vendangeur grapille,
Mais ne vendange pas.

Aux Vignes de Cithère,
Parmi les Raisins doux,
Est mainte grape amère,
N'en cueillez point pour vous ;

Ce choix pour une Fille
Est un grand embaras :
La plus sage grapille,
Mais ne vendange pas.

Mère a tort de remplir mon Carquois; Pour
enchan-ter ceux qui sui-vent mes Loix,
Je n'ai besoin que de mes Aî - les,
Je n'ai besoin, je n'ai besoin que de mes

Aî - les. Ma Mè-re, &c. les.

## ETREINE.

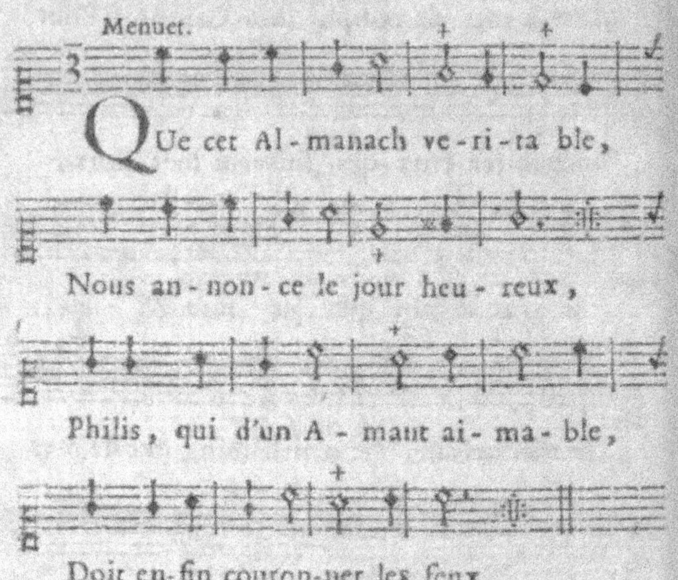


Qu'un tendre & galant Hymenée,
Vienne vous ofrir à foison,
Pendant le cours de cette année,
Les douceurs de chaque saison.

Que tout le tems de la froidure
Soit pour vous un long Carnaval;
Chaque jour nouvelle parure,
Ayez toujours Concert ou Bal.

Ici,

Ici, quand vous verrons éclore,
Les Amours avec le Printems,
Bien plus aimable que n'est Flore,
Ayez des Amours plus constans.

En Eté que toujours la glace,
En Eté que souvent le bain,
Vienne refraichir vôtre tasse,
Vienne rafraichir votre tein.

Que Bachus pendant cette Automne
Presse pour vous son meilleur jus;
Si par vos mains il nous le donne,
Vous ferez triompher Venus.

S'il ne faut, Iris, pour vous plaire,
Qu'un cœur tendre rempli de feux;
Je n'aurai plus de vœux à faire,
Et nous serons tous deux heureux.

## GAVOTTE.

Gracieusement.

C'est

C'eſt toi, flateuſe eſperance,
Qui fais vivre un tendre Amant;
Tu calmes la violence,
Que lui cauſe ſon tourment:
Si la fortune inhumaine,
Vient traverſer ſes déſirs;
Tu ſais adoucir ſa peine
Par l'attente des plaiſirs.

## REPROCHE AMOUREUX.

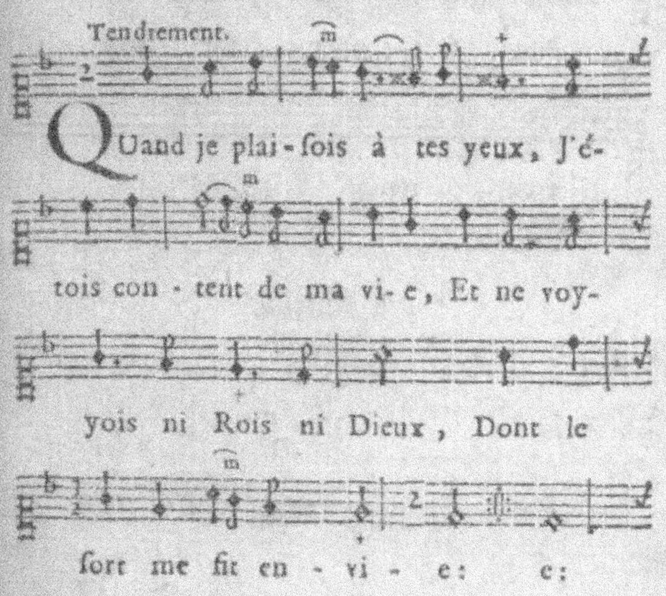


Lorſ-

Lorf-qu'à toute au-tre per-son-ne,
Me pré-fe-roit ton ar-deur,
J'au-rois quit-té la Cou-ron-ne,
Pour re-gner fur ton

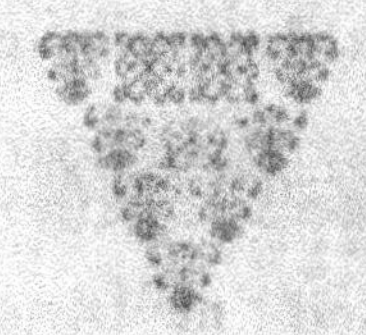
cœur.    cœur.

Vous

## SISTEME DE PLAISIR.

Le plan de mon joyeux Siſtême
Se peut concevoir aiſement ;
Le plaiſir eſt le bien ſuprême,
Voila mon unique argument.
Diſpute-tu ? ton cœur lui-même
Me ſert de preuve & te dément.

Cette verité ſimple & pure
Chaque inſtant ſe préſente à moi,
Toujours fidelle à la nature
Son étude eſt mon ſeul emploi,
Mes ſens ſont la juſte meſure
De ſes bien-faits & de ſa loi.

Tai-toi donc, orgueilleux Stoïque,
Ta morale a trop de rigueur,
Ta ſageſſe eſt problematique,
Ton triſte ſang froid me fait peur :
En vain à l'eſprit on s'explique
Quand on ne parle pas au cœur.

On n'apperçoit dans Ariſtote
Qu'embarras & qu'obſcurité ;
Il crut jadis dans ſa marotte
Avoir conquis la vérité.
Laiſſons ce Vieillard qui radotte ;
C'eſt le droit de l'Antiquité.

Soerate, Platon & Seneque,
Avoient des talens précieux,
Ils font dans ma Bibliotheque,
Je les ai placez de mon mieux.
Ils ont fur moi bon Hypotheque,
J'y lirai quand je ferai vieux.

Les maximes les plus fuivies
Ne font pas principes certains,
Le fuccès felon nos envies
Ne répond pas à nos deffeins:
Pythagore a fait des Impies,
Hypocrate des Affaffins.

Quand je vois les plus Grands d'Athene
Avec un refpect empreffé,
Courir après leur Diogène,
Quoi, dis-je, d'un ton courroucé,
Encor fi la tonne étoit pleine!
Mais ce n'eft qu'un tonneau percé.

Qu'aprend-on avec Héraclite,
Qui larmoie en joignant les mains?
S'inftruit-on avec Démocrite,
Qui rit des Dieux & des humains?
Le contrafte eft tout le merite
De ces Rivaux contemporains.

Lorsque Descartes hors d'haleine,
Au milieu de ses tourbillons,
Croit pouvoir les ranger sans peine,
Comme on feroit des bataillons,
Je ris, son esperance est vaine;
Il court après des Papillons.

Revenons donc à mon Sistême,
Amis, usez en à loisir :
Eloignez-vous de tout extrême
N'épuisez ni soif ni desir.
Le plaisir est le bien suprême;
Mais l'excès n'est point un plaisir.

Pardonne moi, grand Epicure,
Si j'ose commenter ta Loi;
Ne le pren pas pour une injure :
Chacun travaille ici pour soi.
Ton Sistême est d'après Nature ;
Elle m'a parlé comme à toi.

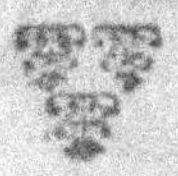

## LA RESSOURCE.

trê - me,

Il faut déclamer ces paroles.

Que je suis un grand Chien ! disoit-il en lui-même.

Mais voy - ant qu'à sa Femme on

fai - soit bien la Cour, Il se flat - te d'a-

voir son re- cours sur l'Amour. Menageons-
† Déclamez.

nous, dit-il, a - vec in - tel - li - gen - ce,

Pra-ti- quens, pra-tiquons, les ta-lens que

tous deux a - vons　　sçus : Tu prendras
soin

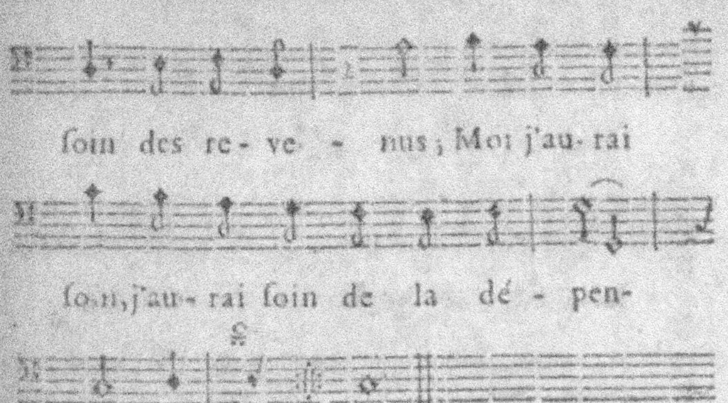

# VAUDEVILLE

## EN

## DIALOGUE.

### COLIN.

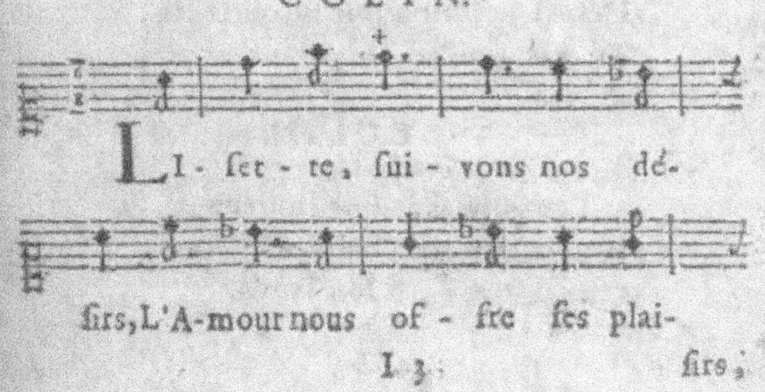

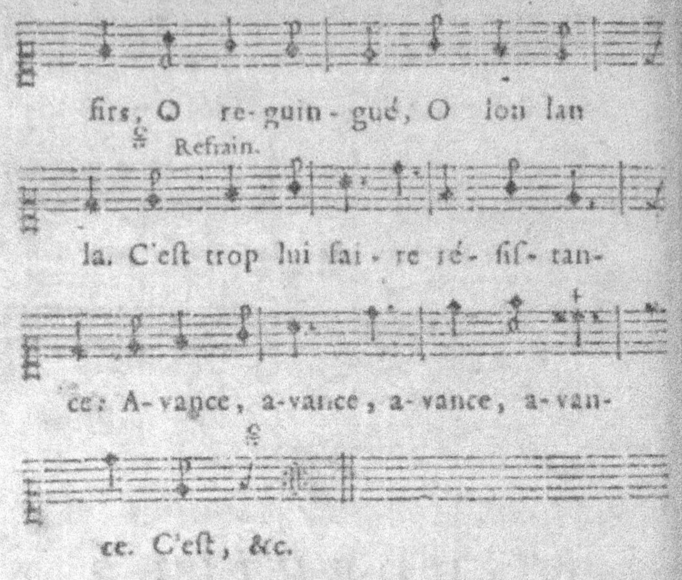


## LISETTE.

Si je rends tes defirs contens,
Colin, m'aimeras tu long-tems?
O reguingué, o lon lan la.
Hélas! je crains ton inconftance,
Tu vas reculer, fi j'avance.

## COLIN.

J'en jure fi je fuis heureux,
Jamais rien n'éteindra mes feux,
O reguingué, o lon lan la.

Ah!

Ah! livre toi sans défiance:
Avance, avance, avance, avance.

### LISETTE.

C'est là le discours des Amans,
Ils font tous les mêmes sermens,
O reguingué, o lon lan la;
Sur une si foible assurance,
Faut-il qu'une Fille s'avance?

### COLIN.

Pourquoi chercher un vain détour?
Laisse parler le tendre Amour;
O reguingué, o lon lan la,
Impose à la raison silence:
Avance, avance, avance, avance.

### LISETTE.

Colin, je t'ai donné mon cœur;
Dois tu pour prix de mon ardeur,
O reguingué, o lon lan la,
Exiger d'autre recompense?
Avance, avance, avance, avance,

### COLIN.

Lisette, tu veux m'amuser,
Peux tu m'aimer, & refuser,
On reguingué, o lon lan la,
Les doux plaisirs qu'Amour dispence?
Avance, avance, avance, avance.

### LISETTE.

Que ton Discours est seducteur!
Je sens qu'il entraine mon cœur.
O reguingué, o lon lan la.
Je dois éviter ta présence,
Et fuir le danger qui s'avance.

### COLIN.

Lisette, à quoi me reduis-tu?
Pour vaincre une sotte vertu,
O reguingué, o lon la,
L'Amour n'a r-il point de puissance?
Avance, avance, avance, avance.

### LISETTE.

Faut-il vouloir ce que tu veux?
Colin, si je te rends heureux,

O reguingué, o lon lan la,
Je dois craindre la medifance;
Et puis gare encor quelque avance.

## COLIN.

Je suis Amant sage & discrèt,
Nos Amours se font en sécrèt,
   O reguingué, o lon lan la;
Je sai sauver les apparences,
Et te garentir des avances.

   A la fin le pressant Berger
Fit si bien qu'il sut engager,
   O reguingué, o lon lan la,
Lisette à la reconnoissance:
C'est ainsi que l'Amour s'avance.

   Bien tôt, il fit payer ses soins,
Ils n'avoient alors pour témoins,
   O reguingué, o lon lan la,
Que les Amours & le silence:
L'Amour va loin, quand il s'avance.

   Depuis ce fortuné moment,
L'on voit avec ces deux Amans,
   O reguingué, o lon lan la,
Toujours l'Amour d'intelligence:
Heureux ainsi ceux qu'il avance!

Amis

Amis que ma joye est ex-trê-me!
Bu-vons, & re-jou-ïf-sons nous:
Chè-re Bou-teil-le, que je t'ai-me,
Et que ton Jus me pa-roit doux!
Et que ton Jus me pa-roit doux!
Dé-ja je suis hors de moi-mê-me,
Quand j'en tens tes pe-tits gloux, gloux,
Quand j'en tens tes pe-tits gloux, gloux,

Déja

gloux.

Qu'un Misantrope à sa tristesse
Prenne plaisir à se livrer;
Qu'un autre aux pieds de sa Maitresse
Vienne languir & soupirer :  *Bis.*
Pour moi, buvant, riant sans cesse,  } *Bis.*
Mon plaisir est de m'enyvrer. *Bis.*

Suivez cette douce manie,
Chers Compagnons, excitez-vous:
Boire & profiter de la vie,
Voilà mon plaisir le plus doux.  *Bis.*
O, quelle agréable folie!  } *Bis.*
Allons, Amis, enyvrons-nous. *Bis.*

                              Qu'on

Qu'on nous apporte une Bouteille :
Vîte du Vin, Laquais, du Vin.
Honneur au seul Dieu de la Treille ;
Qu'il soit l'entretien du Festin :    *Bis.*
Que chacun d'une ardeur pareille    } *Bis.*
Chante & boive, jusqu'à demain. *Bis.*

Amis, quelle Liqueur aimable !
Peut-on nous en verser assez ?
Nôtre soif est insatiable ;
Versez tout plein, Laquais, versez,    *Bis.*
Jusqu'à ce que sous cette table    } *Bis.*
Vous nous voyez tous renversez. *Bis.*

MU-

## MUSETTE, EN RONDEAU.

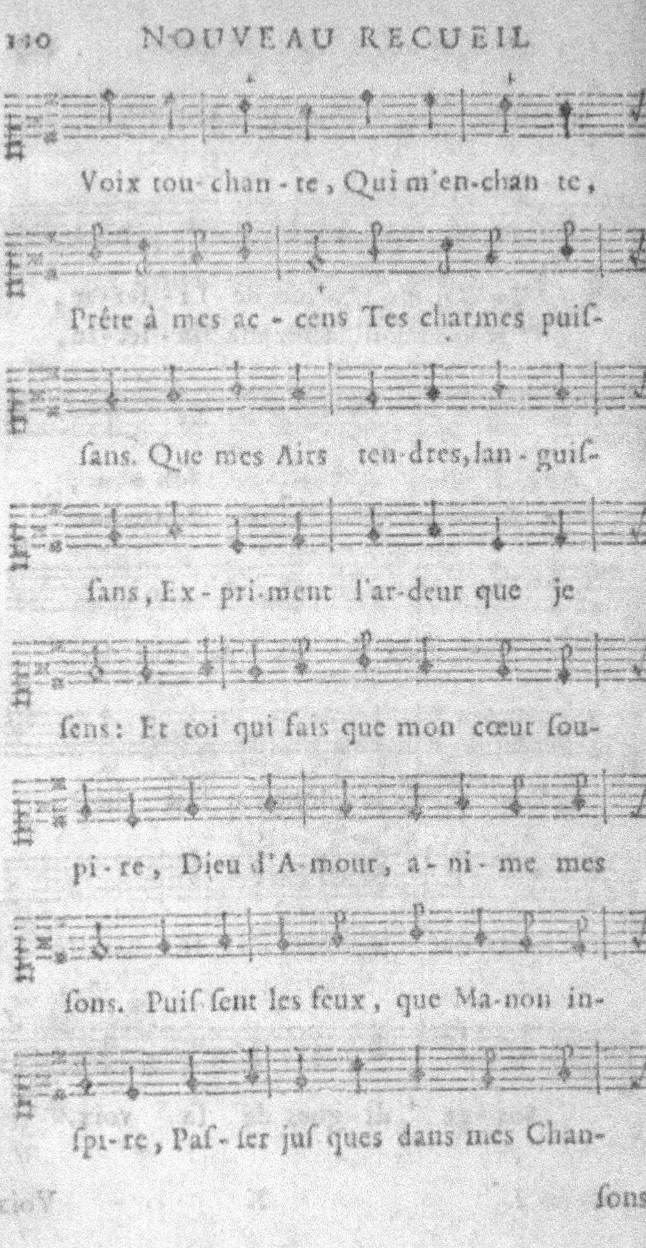
Voix tou-chan-te, Qui m'en-chan-te,
Prête à mes ac-cens Tes charmes puis-
sans. Que mes Airs ten-dres, lan-guis-
sans, Ex-pri-ment l'ar-deur que je
sens: Et toi qui fais que mon cœur sou-
pi-re, Dieu d'A-mour, a-ni-me mes
sons. Puis sent les feux, que Ma-non in-
spi-re, Pas-ser jus ques dans mes Chan-

2. Fin.
fons, Que Tir - cis, &c.        voix.
C'eft ain - fi qu'au-tre-fois O-
vi-de, De Co - ri-ne ob-tint le
cœur, Tu vou- lus   bien lui fer-
vir   de   gui- de, Par fes Vers
il s'en ren-dit Vain queur. Se -con-
de auſ ſi  mes tranſports ; Que Ma- non
ce-de à  mes ac- cords. A-mour,

fois ju - ge de ma ten - dref - fe;
Me-ri - tai - je un fort moins heu- reux ?
Je   van -te a - vec moins d'arr ma Maitreffe, Mais mon cœur eft plus  a - mou-
reux. Que Tir - cis , &c.

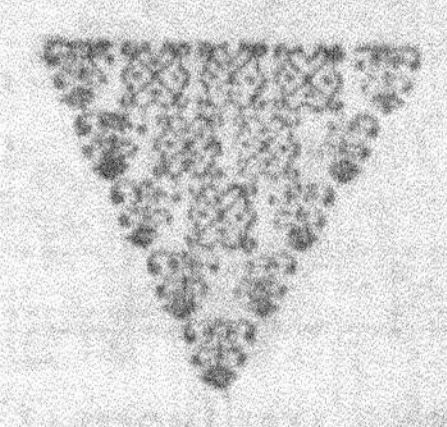

## LE TOUTOU.

VO-tre Tou-tou vous flat-te,
Et vous le ca-ref-fez;
Il vous don-ne la pat-te,
Refrain.
Et vous la re-ce-vez. In-gra-
te! Vous donnez tout à vô-tre
Chien, Et le Ber-ger,

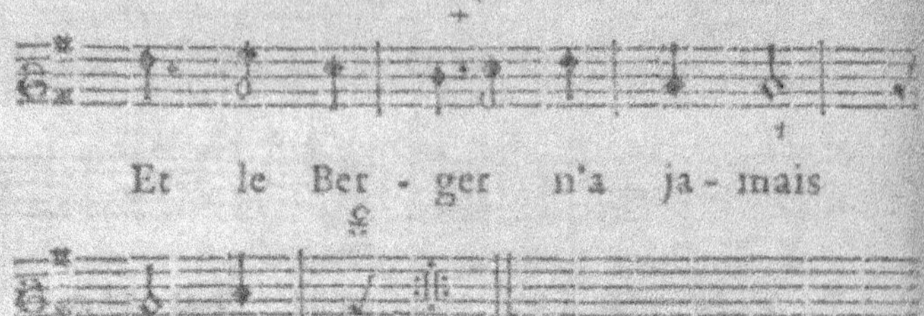


rien. In grate! &c.


Votre Chien est fidelle;
Mais l'est-il plus que moi?
Il n'est que le modelle
De ma constante foi.
Cruélle!
Vous donnez tout à votre Chien,
Et le Berger n'a jamais rien.


Hélas! avec la mienne,
J'ai beau serrer ta main;
Tu retires la tienne,
Avec un fier dédain.
Climene,
Oui, tu donnes tout à ton Chien
Et le Berger n'a jamais rien.

Sur le troupeau timide
Il veille avec ardeur;
Mais c'est moi qui le guide,
Et qui suis le Pasteur.
  Perfide!
Oui, tu donnes tout à ton Chien,
Et le Berger n'a jamais rien.


Par ton humeur rebelle,
Tu lui ressembles fort:
Tu fuis, quand je t'appelle;
Je le flatte, il me mord.
  Cruelle,
Oui, tu donnes tout à ton Chien,
Et le Berger n'a jamais rien.


Mille noms tu lui donne;
C'est Poulet, c'est Médor:
Et moi, quand je raisonne,
Je ne suis qu'un Butor.
  Friponne!
Oui, tu donnes tout à ton Chien,
Et le Berger n'a jamais rien.

Il va querir, rapporte,
Ton étui, ton fuseau ;
Et moi, je te reporte
Ce qu'on dit au Hameau.
    Qu'importe ?
Non, tu ne songes, qu'à ton Chien,
Ce que je fais pour toi n'est rien.


    J'aimerois bien mieux être
Le Chien que le Berger :
Il est partout le Maitre,
Je ne suis qu'étranger.
    Le Traitre !
Faut il qu'il ravisse mon bien ?
C'est ton Toutou, je ne suis rien.

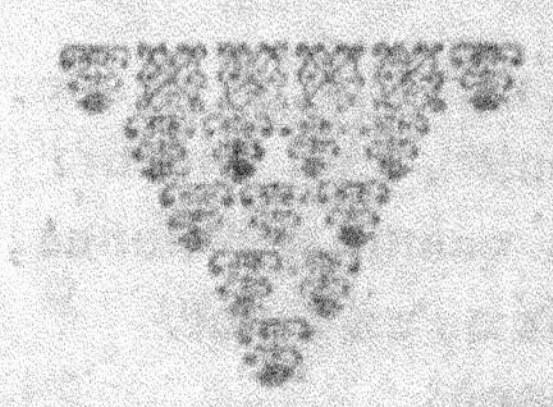

Ces beaux & dangereux Voleurs
Chaque jour dérobent cent cœurs,
Et la raison n'y fait que faire.
  Jamais la Mère
    Des Amours
Ne fit de si bons tours.

Aux

Aux cœurs vous ne vous bornez pas,
Près de vous on perd ses appas,
Vous en dépouillez la plus fière.
Jamais la Mère
Des Amours
Ne fit de si bons tours.

Dans certain Bosquet l'autre jour,
Venus passant avec sa Cour,
Vous lui volâtes l'art de plaire.
Ah ! qu'à la Mère
Des Amours
Vous faites de bons tours !

On dit que sans ses ris charmans,
Sa ceinture, & ses agrémens,
Elle retourna dans Cithère.
Ah ! qu'à la Mère
Des Amours.
Vous faites de bons tours !

Contre vous Mars tout aussi-tôt
Se députa comme Prévôt ;
Mais Mars lui-même ne tint guère.
Ah ! qu'à la Mère
Des Amours
Vous faites de bons tours !

Ren-

Rendez vîte à chacun son bien ;
Que vos beaux yeux ne gardent rien ,
Que le vol qu'ils m'ont daigné faire.
Et de la Mère
   Des Amours
N'imitez pas les tours.

Le Dieu qui fait aux cœurs la guerre
Sur mon dessein, il devança mes pas ;
Le Traître, empoisonnant mon verre,
Va, me dit-il, bois tant que tu voudras.

Ce fier défi me piqua l'ame,
Je courus boire, & je ne bus pas peu :
Je crus éteindre ainsi ma flame ;
Mais chaque coup étoit un trait de feu.

Que de ce Dieu l'ame est cruelle !
Je brule, & j'aime, hélas ! plus que jamais.
Quand on veut rompre avec sa Belle,
Au traître Amour cachons de tels projèts.

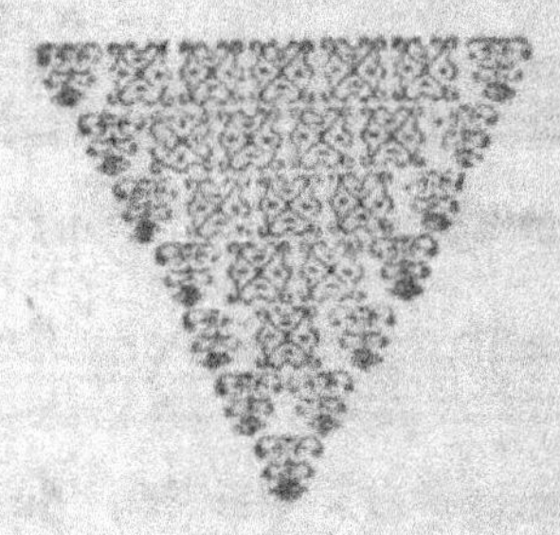

## RECIT DE BASSE.

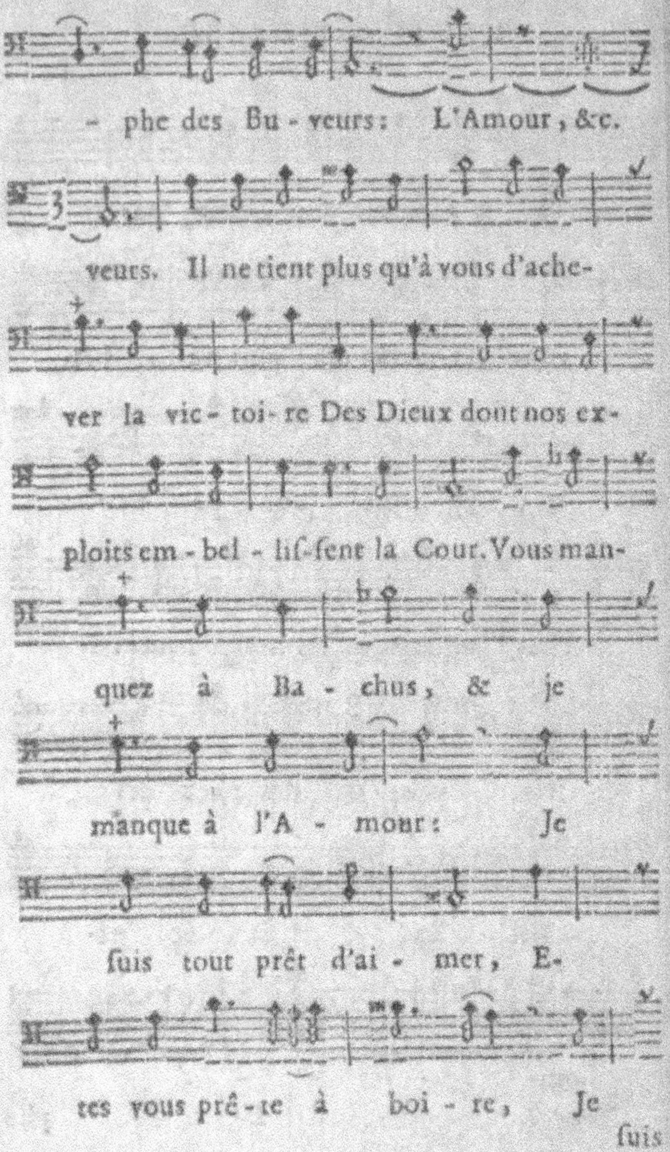
- phe des Bu - veurs :    L'Amour, &c.
veurs.    Il ne tient plus qu'à vous d'ache-
ver la vic - toi - re Des Dieux dont nos ex-
ploits em - bel - lif-fent la Cour. Vous manquez    à    Ba - chus,    &    je
manque à l'A - mour :        Je
fuis tout prêt d'ai - mer, E-
tes vous prê - te  à    boi - re,    Je

fuis

fuis tout prêt d'ai - mer, Je
fuis tout prêt d'ai - mer, E-
tes vous prê-te à boi - re,
E - tes vous prê - te,
E - tes vous prê-te à boi-
- re.

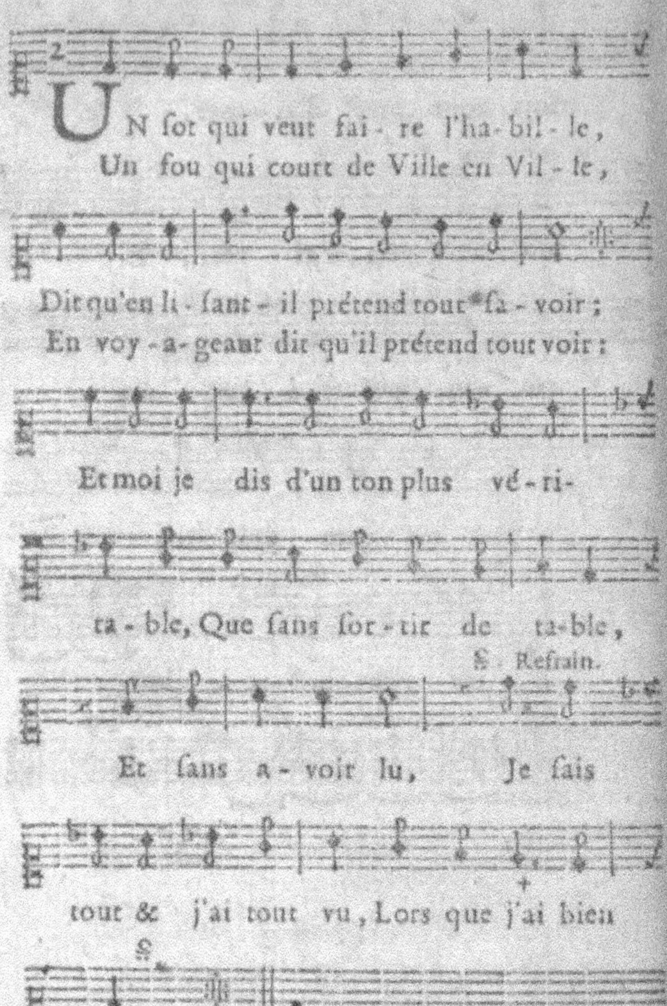
Un sot qui veut fai-re l'ha-bil-le,
Un fou qui court de Ville en Vil-le,
Dit qu'en li-sant-il prétend tout*sa-voir;
En voy-a-geant dit qu'il prétend tout voir:
Et moi je dis d'un ton plus vé-ri-
ta-ble, Que sans sor-tir de ta-ble,
S. Refrain.
Et sans a-voir lu, Je sais
tout & j'ai tout vu, Lors que j'ai bien
bû.

Dans

Dans Platon, ni dans Epicure,
Je ne vois pas qu'il soit bien établi,
S'il est du vuide en la Nature,
Ou si l'espace est d'Atômes rempli.
Dans un Buveur la Nature décide,
  Qu'elle abhorre le vuide,
    Car il est certain,
  Que j'abhorre un verre en main
    Quand il n'est pas plein.

  Grands Philosophes, je vous blâme,
Et je veux faire un Sisteme nouveau,
Vous avez fait présider l'ame
L'un dans le cœur, l'autre dans le cerveau.
Savez-vous bien où la mienne s'avance,
  Pour tenir audience?
    C'est dans mon Palais,
  Qu'elle juge d'un Vin frais
    Qui coule à longs traits.

  De ceux qui vivent dans l'Histoire,
Ma foi jamais je n'envirai le sort;
Nargue du Temple de Memoire,
Où l'on ne vit, que lorsque l'on est mort.
J'aime bien mieux avec une Silvie
  Boire pendant ma vie;

                    Car

Car je sentirai
Les momens que je vivrai,
Tant que je boirai.


Les noirs Ministres d'Hypocrate,
De deux Sirops qu'ils infusent dans l'eau,
Envoyent l'un chercher la rate,
Dépêchent l'autre au Païs du Cerveau.
C'est grand hazard quand une seule goute
Veut bien suivre sa route;
Mais, cette Liqueur
Sûrement par sa douceur
Porte droit au cœur.


L'autre jour à l'Observatoire,
Les ennemis du tranquile sommeil
Voulurent par malice noire
Me faire voir des taches au Soleil;
Pour les punir d'oser dans leur tanière
Dénigrer la lumière
D'un Astre Divin,
Je leur fis voir que leur Vin
N'étoit pas clair-fin.

Un Nouvelliste Politique,
Qui tient Conseil dans la Cour du Palais,
Demande au plus fou de sa clique,
Si nous aurons, ou la Guerre, ou la Paix ?
Moi, curieux d'une seule nouvelle,
   Lorsqu'il pleut ou qu'il gèle,
      Du soir au matin,
   Je demande à mon Voisin,
      Aurons-nous du Vin ?

   Un Usurier sur son Grimoire,
Par son calcul tâchant de m'afronter,
Toute la nuit comte sans boire,
Moi je la passe à boire sans compter.
A me tromper je mèrs toute ma gloire
   Je prens plaisir à croire,
      Comtant par mes doigts,
   Que je n'ai bû qu'une fois
      Quand j'en ai bû trois.

   De l'Homme voici la Chimère,
Tout ce qu'il voit est fait exprès pour lui,
C'est pour lui de tourner sa Sphère,
Tout l'Univers pour lui seul est construit.
Sur un tel fait ses argumens plausibles,
   Ne me sont pas sensibles,

Mais je m'aperçoi
Que ce Vin est fait pour moi,
Lorsque je le boi.


Ni par Cujas, ni par Bartole,
On ne suit point exactement la Loi;
Tous les Contracts du Protocole
N'établiront jamais la bonne foi.
Les francs Buveurs de leur Vin font à table
Un partage équitable,
C'est l'usage ancien;
Boi ton verre, & moi le mien,
Chacun boit son bien.


Si Raphaël peint le sublime,
Si le Correge a peint graces & ris,
Si le Brun les tableaux anime,
Et si Rubens excelle en coloris;
Mieux que Calot, en grotesque figure,
Je change la Nature:
Le plaisant tableau,
Que je peins dans mon cerveau
Par ce Vin nouveau!

Un Grenadier en pleine guerre,
Est moins cruel que je ne suis ici,
Il mèt son Ennemi par terre,
Et moi je mèts par terre mon Ami.
A dire vrai, la mort est peu durable,
Et bien plus douce à table;
Meurs donc sans chagrin:
Tu voudras encor demain
Mourir de ma main.

Un jour l'Amour sur ma cervelle
Voulut graver l'image d'Isabeau,
Pour remplir la place nouvelle,
Je fis d'abord monter dans mon cerveau,
Tant de vapeurs de bon Vin de Tonnere,
Que l'Enfant de Cithère
Ennivré soudain,
Traça de sa propre main
L'éloge du Vin.

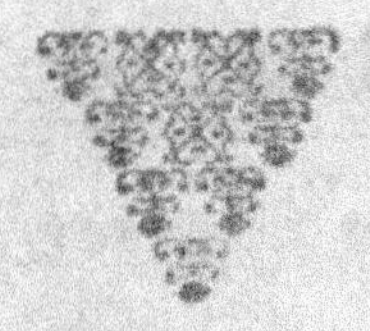

## LA COQUETTE.

Qu'on me don-ne un Ma- ri gouteux, Bof - fu, boi- teux, Ou borgne ou
lou - che, Qu'il cra - che, qu'il
touffe , ou qu'il mouche , Que fes dents
branlent dans fa bou - che , Tout ce - la
blef- fe peu mes yeux , Tout ce - la
blef- fe peu mes yeux. yeux.

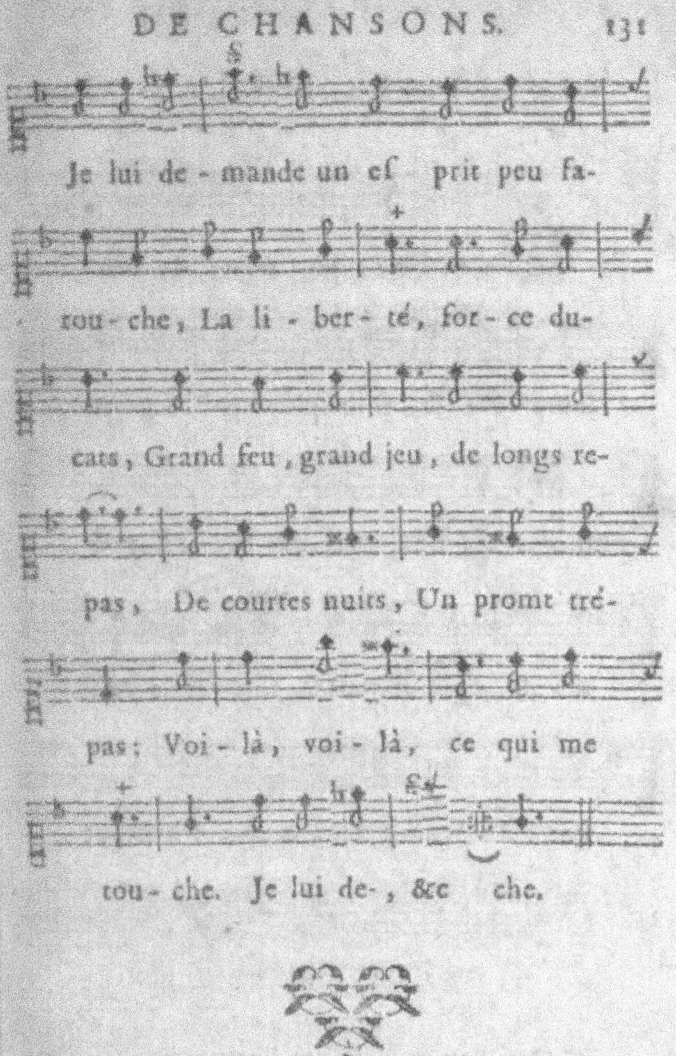
Je lui de - mande un es   prit peu fa-
rou - che, La li - ber - té, for - ce du-
cats, Grand feu, grand jeu, de longs repas,   De courtes nuits, Un promt trépas: Voi - là, voi - là,   ce qui me
tou - che. Je lui de-, &c   che.

## VAUDEVILLE, SUR L'AGIOT.

Gai.

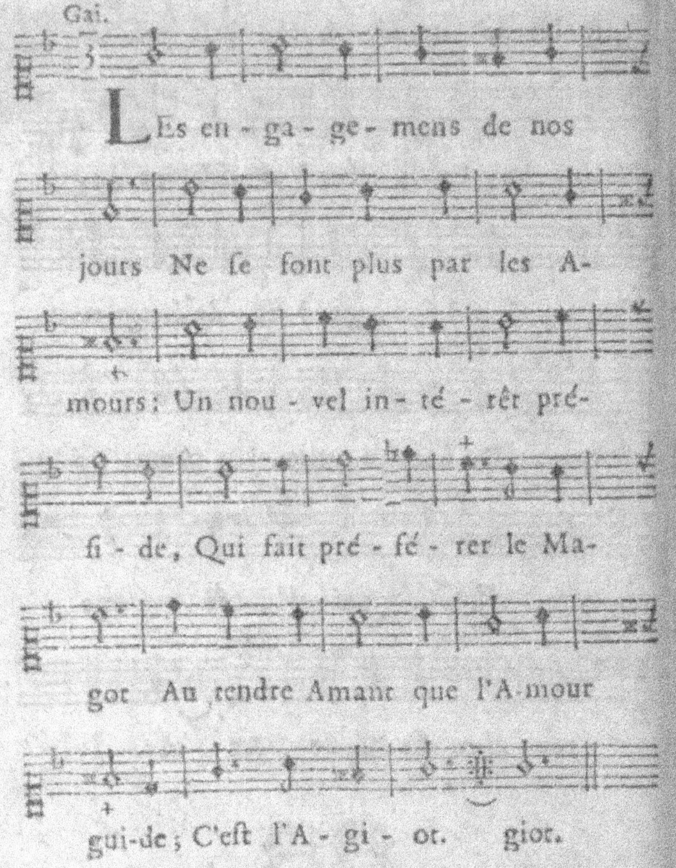



Que l'on voit de ces Fortunez,
Pleins à ventres déboutonnez,

Sui-

Suivis de la Blonde & la Brune,
Geus que chacun nommoit Pierrot;
Qui les a mis dans la fortune?
C'eſt l'Agiot.

Beautez, pour avoir de l'argent
L'Amour eſt un mauvais Agent,
Volez, pillez, faites l'eſcompte,
Vous en aurez tout auſſi-tôt;
Et la fortune la plus prompte,
C'eſt l'Agiot.

Que de magnifiques habits,
Que de Perles, que de Rubis!
Venus ne fut pas mieux ornée.
Philis, j'entends à demi-mot;
Quelqu'un ſuplée à l'Hymenée:
C'eſt l'Agiot.

Nous ne buvons que du Verjus,
Le tems a détrôné Bachus:
Les Buveurs ſont dans les ſoufrances,
Ils caſſent le verre & le pot;
Qui nous cauſe ces influences?
C'eſt l'Agiot.

## PARODIE.

Gravement.
BOn Vin, bau-me du cœur,
En toi tout m'en-chan-te ! Liqueur fi-ne & bril-lan-te, Montant, sê-ve char-man-te, Bon
Vin, Je chan-te, Ta vi-ve dou-
cœur, Par toi,Beau-tez nou-vel-les, A
mes yeux sont moins belles ; Par toi loin

d'el-

d'el-les, Je suis in-con-stant, Par
toi dans l'al-le-gref-fe, Je
vais juf qu'à l'I-vref-fe, Sans
cef-fe chan-tant: Cou-le à longs
traits, Bon Vin, cou-le &
re-gne à ja-mais;Cou-le à longs
traits, Bon Vin, cou-le &
re-gne à ja-mais.

M 2

Gracieusement.

L'Amour aime la Fleur nouvelle,
Elle aime le Zéphir si doux:
L'Amour a tant de droit sur elle,
Qu'elle aime jusqu'à son Epoux.

Psiché.

Pſiché cette Beauté ſuprême,
Qui de l'Amour bravoit les traits,
Pſiché brûla pour l'Amour même,
D'abord qu'elle vit ſes attraits.

Mais je vois mon erreur extrême,
Un objet a ſû vous charmer,
Narciſſe n'aima que lui-même
Et c'eſt ainſi que vous aimez.

Pour finir ma cruelle peine,
Et rendre mon ſort ſans égal,
Par pitié, charmante Climéne,
Abandonnez-moi mon Rival.

C'eſt

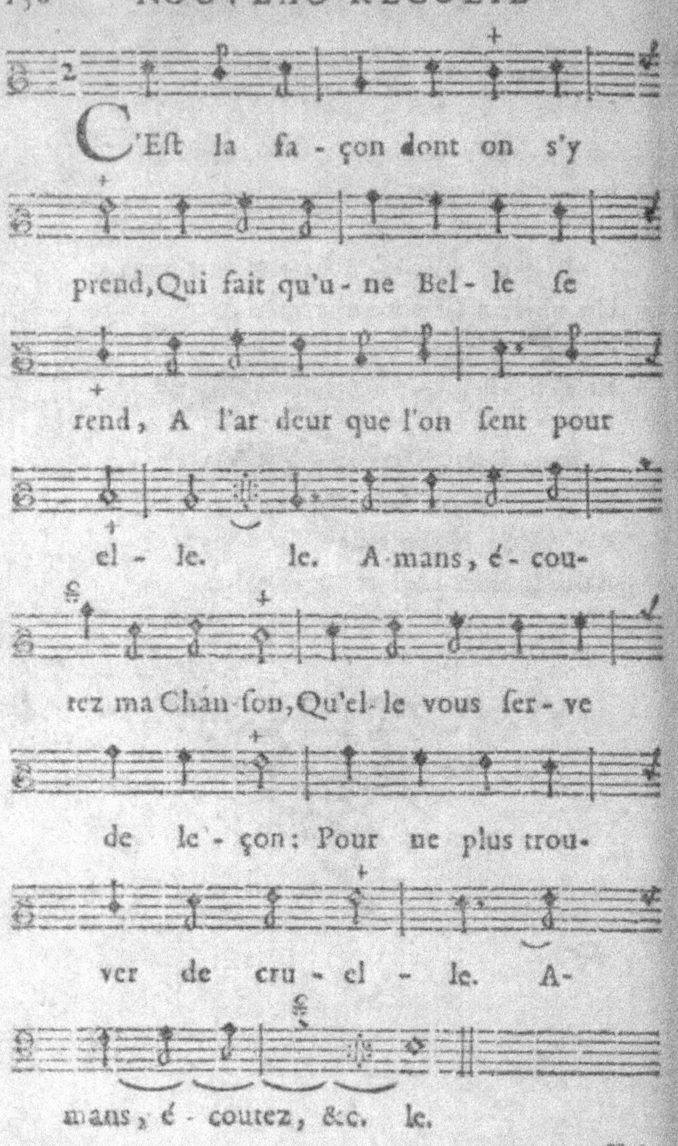
C'Est la fa - çon dont on s'y
prend, Qui fait qu'u - ne Bel - le se
rend, A l'ar deur que l'on sent pour
el - le. le. A mans, é - cou-
tez ma Chan-son, Qu'el-le vous ser - ve
de le - çon: Pour ne plus trou-
ver de cru - el - le. A-
mans, é - coutez, &c. le.

Eri-

Erigonne, par ses refus,
Payoit la flame de Bachus ;
Mais, au tendre Amour rien n'échape :
Aussi-tôt que le Dieu du Vin
Eu pris la forme du raisin
La Belle mordit à la grape.

Esperez peu de vos discours,
L'Amour ne cede pas toujours
A l'ardeur la plus raisonnable.
Souvent en buvant de bon Vin,
On trouva le plus court chemin,
Pour rendre la Belle traitable.

M 4                    Tircis

Tir-cis cou-ché def-fus l'her-
bet- te, Le ver-re en main difoit tout bas, Ma Cli-
mé -ne ne veux -tu pas
Dan - fer au fon de ma Mu-
Refrain.
fet - te? O! tems heu - reux, où
tour à tour, On bu - voit & fai-
foit l'A- mour. O! &c.

La Bergère, prêtant l'oreille,
D'un doux regard lui répondit ;
Et le Berger, qui l'entendit,
Quitta bien vîte sa Bouteille.
  O ! tems heureux , &c.

Tircis jouoit d'un air si tendre,
Et si vivement s'exprimoit,
Que la Belle qu'il enchantoit
Ne se lassoit point de l'entendre.
  O ! tems heureux , &c.

Mais le Berger perdant haleine,
Ennyvré d'un si doux plaisir,
Finit son chant par un soupir ;
Qu'aussi-tôt lui rendit Climeine.
  O ! tems heureux , &c.

La Belle, en étant allarmée,
Au reméde courut soudain.
L'on vit par le secours du Vin
Sa flame bien-tôt ranimée.
  O ! tems heureux , &c.

On

Tendrement.

beau

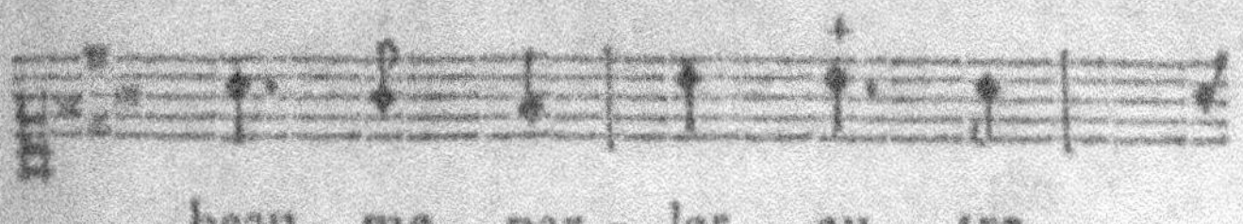
beau me par - ler au - tre-

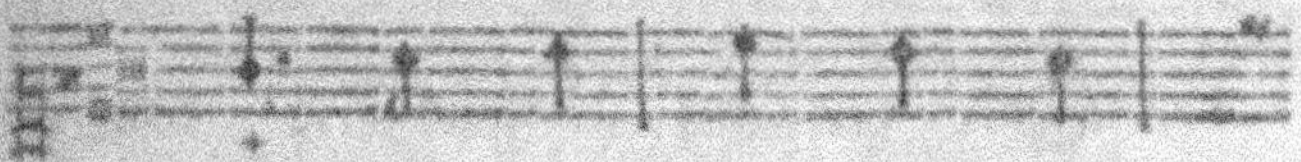
ment, J'en crois plus mon Tir-

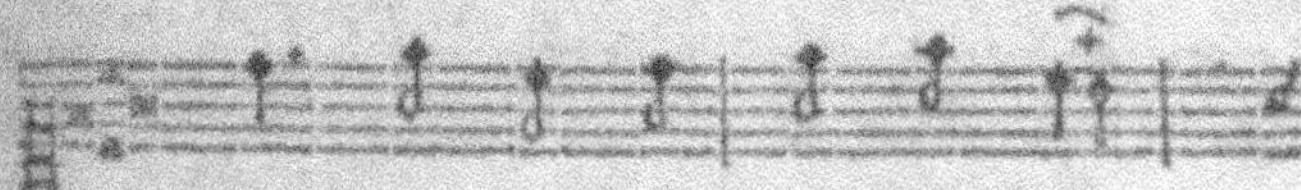
cis, que tout le monde en-sem-

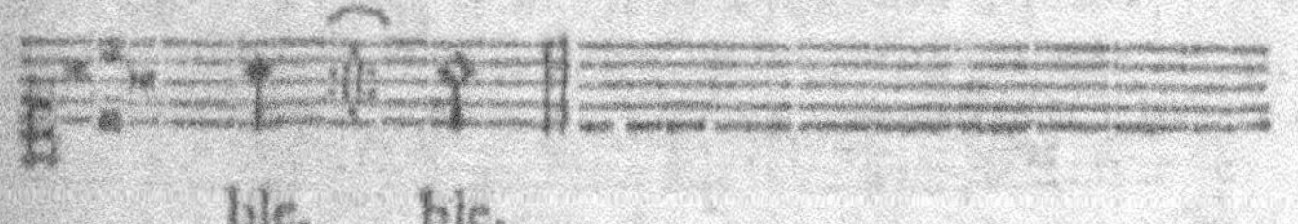
ble. ble.

Sa-

## LE GRIS-DE-LIN.

Le

Le blanc peint la sincerité,
Le rouge désigne la flame;
Le bleu, c'est la fidelité,
Qui pour vous regne dans mon ame:
Mais, j'aime mieux le Gris-de-Lin,
       Le Gris-de-Lin,
Qui représente Amour sans fin,
      Amour sans fin,


Le noir, qui marque la douleur,
N'est que pour la triste parure;
Le jaune pour un tendre cœur,
Paroit d'assez mauvais augure.
J'aime donc mieux le Gris-de-Lin,
       Le Gris-de-Lin,
Qui représente Amour sans fin,
      Amour sans fin.


Cependant, j'aimerois assez
La couleur de la violette,
Dont ces Gazons sont tapissez,
Car c'est une couleur discrette;
Mais, j'aime mieux le Gris-de-Lin,
       Le Gris-de-Lin,
Qui représente Amour sans fin.
      Amour sans fin.

Je ne saurois soufrir le gris,
Que dans une Liqueur exquise ;
Je l'aimerois avec Iris,
Pourvû qu'elle même s'en grise ;
Mais, j'aime mieux le Gris-de-Lin,
                Le Gris-de-Lin,
Qui représente Amour sans fin,
                Amour sans fin.

Don précieux, d'un goût nouveau,
Qui me vient d'une main si chère,
Je veux par de-là le tombeau
Porter votre tendre mistère ;
Car, vous êtes de Gris-de-Lin,
                De Gris-de-Lin,
Qui représente Amour sans fin,
                Amour sans fin.

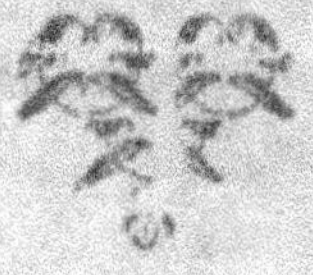

PLAIN.

## PLAINTE BACHIQUE; *Chaconne.*

hit;

hit; J'eus peu de biens de la for-
tu-ne; L'in-juf-ti-ce me le ra-
vit; Mon plus cher A-
mi m'a-ban-don-ne, En
vain j'implo-re fon fecours; Et la ca-lom-
ni-e em-poi-fon-ne, Le
ref-te de mes trif-tes
jours. Ba-chus, vien me ner-

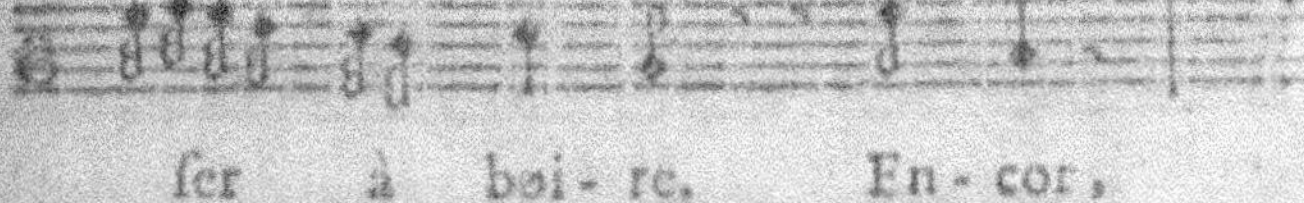

fer    à   boi - re; Vien, vien, me ver-

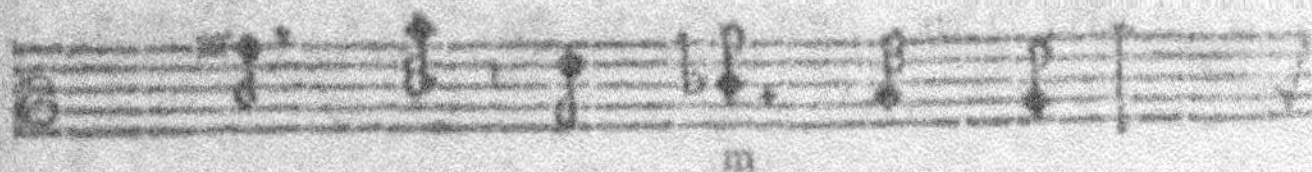

fer    à   boi - re,    En - cor,

bon, Je fuis fou - la - gé;   Cha - que

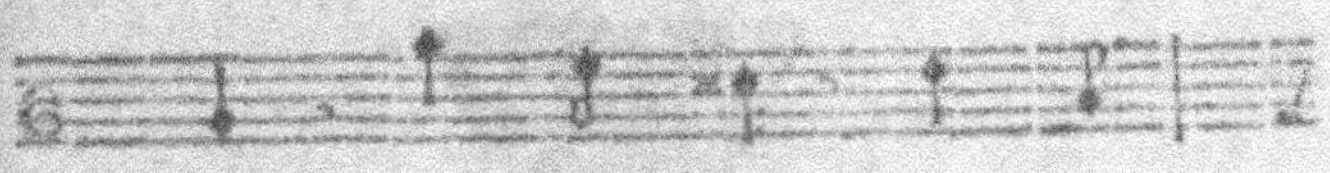

soup m'ô - te   la  mé - moi - re Des

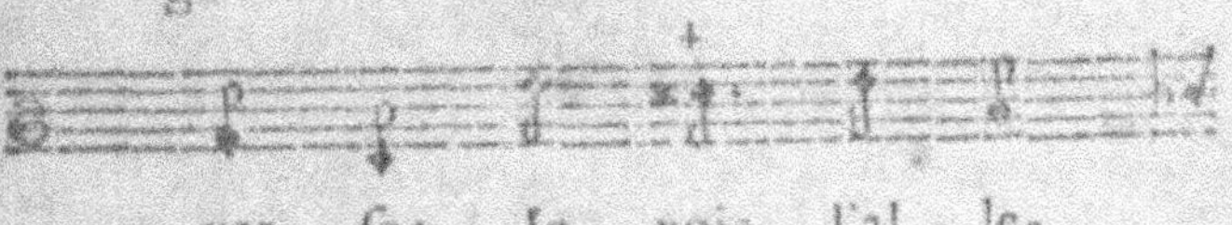

maux qui  m'a - voient a - fli-

gé:  Ver - fe en - cor,  ver - fe,

ver - fe:  Je  vois  l'al - le-

gref - fe  na - ger    -    -

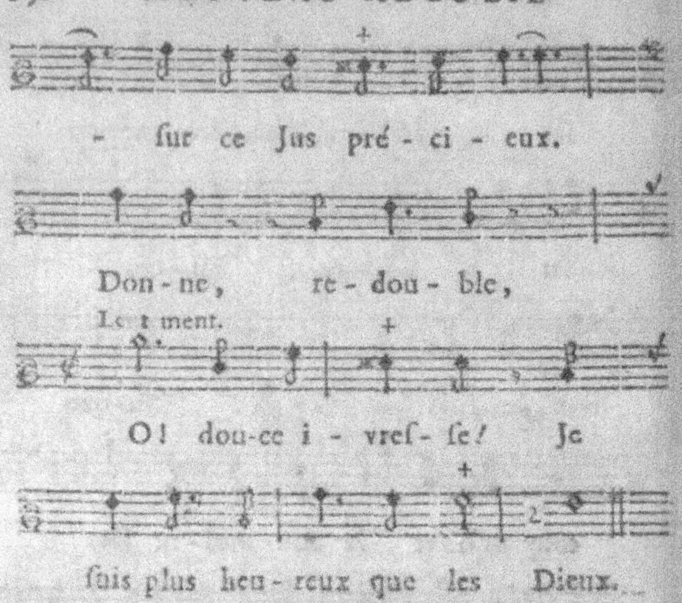
- fur ce Jus pré - ci - eux.
Don - ne,        re - dou - ble,
Lentement.
O! dou-ce i - vref - fe!        Je
fuis plus heu - reux que les    Dieux.

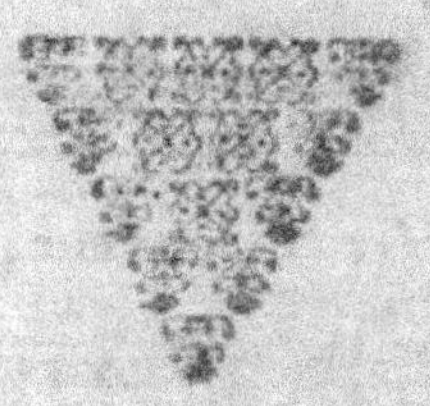

## DANSE RONDE.

L'Au-tre jour près d'An-net-
te, Un gros Ber-ger jou-
flu, Lu-re-lu: La ren-con-
trant seu-let-te, En ri-ahr
l'a-bor-da, La-re-la, Lu-re-
lu, La-re-la, Li-ret-te, Ah!
quel drô-le voi-la. Lu-re-, &c. la.

La jeune Bachelette
Gagna le Mamelu ,            } bis.
            Lurelu :
Qui lui contant fleurette ,
Tout à coup l'embrassa ,
            Larela ,
Lurelu , larela , lirette ,
Ah ! quel drôle voilà.                   } bis.

La friande poulette
S'écria , le goulu !           } bis.
            Lurelu :
Amour , fais moi l'emplette
De ce petit Cœur-là ;
            Larela ,
Lurelu , larela , lirette ,
Ah ! quel drôle voilà.                   } bis.

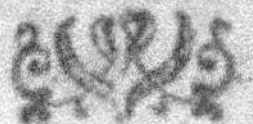

Le marché sur l'herbette,
A l'écart fut conclu ;         } bis;
            Lurelu;

La novice filette
Long-tems ne marchanda,
                Larela :
Lurelu, larela, lirerte,          } bis.
Ah / quel drôle voilà.

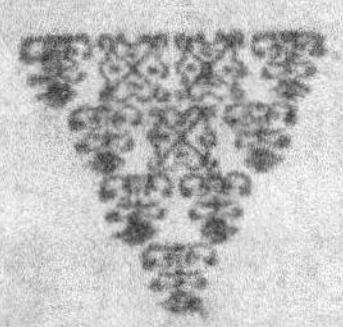

  Pour pousser la fleurette,  }
Vive un gros resolu !       } bis.
        Lurelu ,      }
Qui tout à la franquette
Et sans façon y va,
           Larela ;
Lurelu, larela, lirette,       } bis.
Ah ! quel drôle voilà.

AIR

## AIR PAISAN.

Morgué, Cou-fin Char-lot, que
t'ès un franc Ni-gaut! Si le voi-
fin Lu-cas, lorfque tu bois cho-
pei-ne, De t'en é-cor-ni-
fler fai-foit la moin-dre mei-ne,
T'au-rois rai-fon de cri-er haut;
Mais il n'en veut qu'à ta Clau-dei-ne.

Vla - ti pas bian, mor - gué, de -
quoi fe tour - men - ter! Tian,
Je m'en fou - ci - rois, Cou - fin, com -
me d'un zef - te: Ils ont biau tre - tous
en tâ - ter, T'en au - ras tou - jours
trop de ref - te.    te.

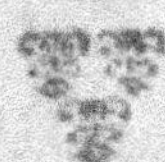

LE

## LE PLAISIR D'INSTRUIRE.

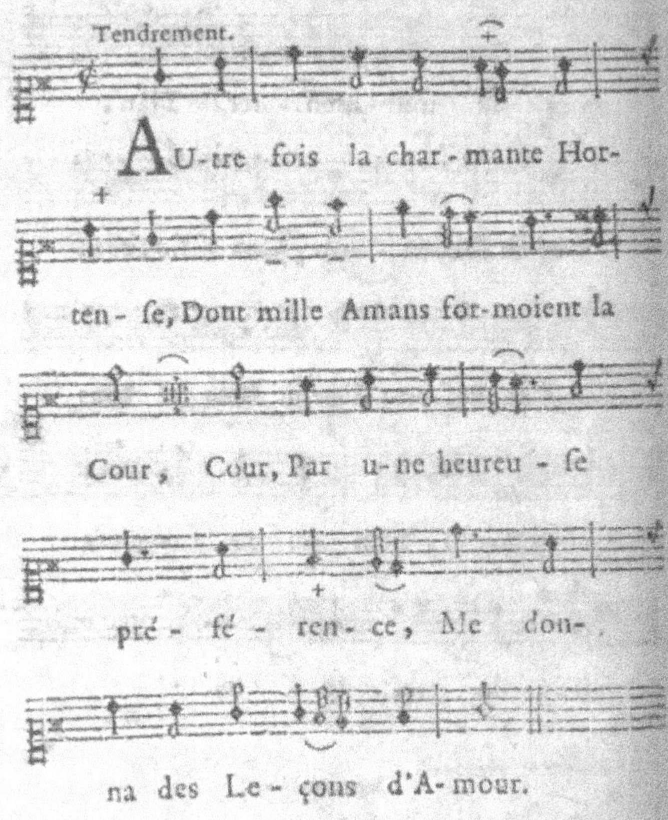

*Deuxième Couplet.*

*Troisieme Couplet.*

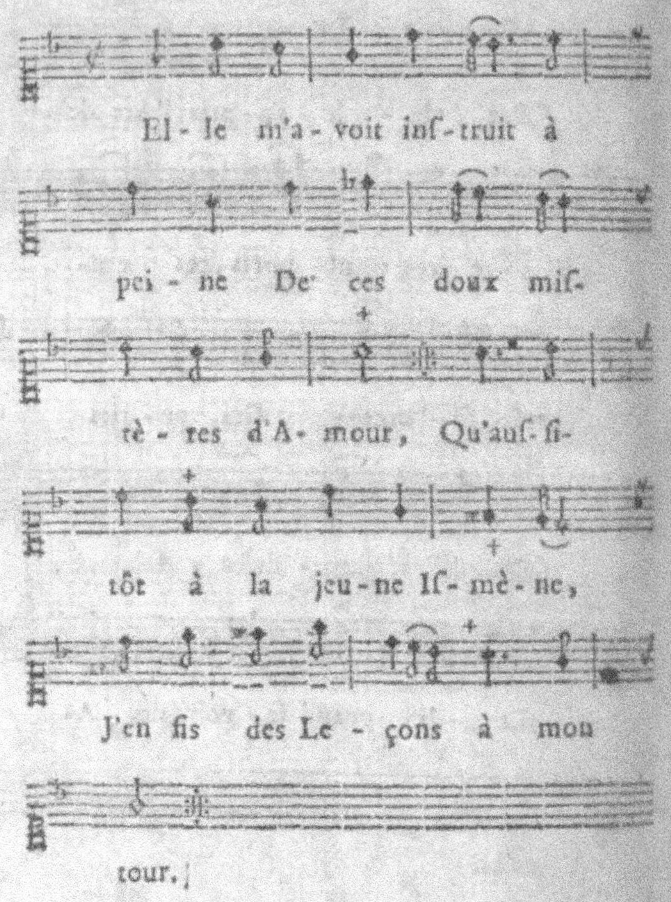

*Quatrième Couplet.*

*Cinquième Couplèt.*

## LE PANTHEON.

C'Eſt Cu - pi - don qui m'inſ - pi - re;
Lui- mê-me il mon - te ma Li - re;
Je ce-de à ſes doux tranſ-ports:
Con - ſa-crons lui ces ac - cords:
Oui, je veux fai - re con - noi-
tre, Qu'en-tre tous les Im - mor-
tels, Cet En-fant eſt le ſeul
Mai - tre, A qui l'on doit des
Au - tels.

Il tient dans la même chaîne,
Jupiter, Mars, Apollon,
Les Dieux de l'humide Plaine,
Et ceux du noir Acheron :
Enfin, la Troupe immortelle;
Qu'on célébre au Panthéon;
Sous excepter l'Immortelle,
Qui fit périr Actéon.

Cette Diane si fière,
Qui méprisoit Cupidon,
Quand le Dieu de la Lumière
Paroissoit sur l'horizon,
Devenoit dans la nuit sombre,
Moins cruelle au Dieu d'Amour,
Et se consoloit à l'ombre
De la sagesse du jour.

Pallas, Déesse des Armes,
Pour triompher de Cipris,
Fit paroître tous ses charmes
Aux yeux du Berger Paris :
Je ne sais que dire d'elle,
Mais, souvent Femme qu'on voit
Briguer l'honneur d'être belle,
N'est pas si sage qu'on croit.

Quand

Quand Vénus vint à paroitre
Dans les Rets de son Epoux,
Le bon Vulcain sentit naitre
Plus d'Amour que de courroux :
Ravi de la voir si belle,
Il ne fit tant de fracas,
Que pour attirer près d'elle
Des témoins de ses appas.

Tout ressortit à Cithère,
Sur la Terre & dans les Cieux ;
Un jour Junon voulut plaire
Au volage Roi des Dieux :
L'Hymen en cette Avanture
Agit inutilement ;
Vénus prêta sa Ceinture,
Et l'Epoux devint Amant.

Quel est l'Immortel encore,
Qui se compare à l'Amour ?
Seroit-ce le Dieu qu'adore
Le Peuple du noir séjour ?
Mais, jamais sa Cour n'est pleine
Que de Sujèts malheureux.
Cupidon, peuple la sienne,
De Ris, d'Amours & de Jeux.



Dans

Dans le celébre partage,
Qui se fit de l'Univers,
Neptune eut pour Appanage
Le vaste Empire des Mers :
L'Amour n'a pour tout Domaine
Qu'un Carquois & qu'un Flambeau ;
Mais, ce Flambeau peut sans peine
Bruler jusqu'au fond de l'eau.

En vain, Apollon, pour plaire,
Etala mille beautez ;
En vain il fit l'inventaire
De ses rares qualitez :
Il ne put rendre sensible
Le jeune cœur de Daphné ;
Pendant qu'Amour invincible
Se fit aimer de Psiché.

Qui merite plus de Gloire
De Mars, ou du petit Dieu ?
Mars conduit à la Victoire,
Par le fer, & par le feu :
Les petits soins, les allarmes,
Quelques pleurs, quelques soupirs,
Chez Cupidon sont les armes,
Qui conduisent aux Plaisirs.

Je ne dis rien de Cibelle,
Ni des Prêtres qu'elle fit ;
L'Amour irrité contre elle
N'y pense qu'avec dépit.
Je passe aussi la Canaille
De ces Dieux nouveaux venus,
Pour aller livrer Bataille
Au redoutable Bachus.

S'il est chez ce bon Ivrogne
Quelque plaisir de bon goût,
L'Amour mieux que le Bourgogne
En fait toujours le ragoût :
Le Festin n'est qu'agréable,
Avec ce Jus précieux ;
Mais, qu'Amour se mette à table,
Il devient délicieux.

Mais, laissons maint Buveur ivre
S'égarer avec Bachus,
Et ne songeons plus qu'à suivre
L'aimable Fils de Venus.
Si j'ai chanté ta Puissance
Sur un ton digne de toi,
Charmant Dieu, pour recompense
Dans mes vœux exauce-moi.

Si de Bergère en Bergère,
Mon humeur me fait errer,
Sauve-moi, Dieu de Cithère,
L'embaras de soupirer:
Si par hazard la constance
Faisoit un de mes plaisirs,
Fai qu'après la jouïssance
Je trouve encor des désirs.

PRO-

## PROPRIETEZ DU VIN.

*NB. Il faut doubler les Notes de la seconde, & de la penultième mesure de cet Air, à proportion du nombre des Sillabes qui s'y trouvent. On aura soin de pratiquer la même chose à l'égard de la quatrième ligne de chaque Couplet.*

IN

IN VINO SINCERITAS:
Le plus fourbe en buvant devient franc & sincère,
Dit tout ce qu'il a fait, & tout ce qu'il veut faire;
Son cœur nage dans le verre:
IN VINO SINCERITAS.

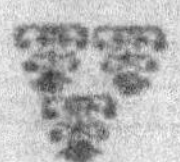

IN VINO BENIGNITAS:
Tel Bourru quelquefois vous fait sombre grimace
Avant que d'avoir bû, qui tôt après bonace
La larme à l'œil vous embrasse:
IN VINO BENIGNITAS.

IN VINO SOBRIETAS:
Un Gascon le matin trouve par avanture
Un bon verre de Vin, qui tant que le jour dure,
Lui tient lieu de nourriture:
IN VINO SOBRIETAS.

IN

IN VINO SIMPLICITAS:
Un Sophiste guindé parloit contre Epicure.
Il but ; le Vin le fit changer de Tablature,
	Il parla comme nature :
		IN VINO SIMPLICITAS.

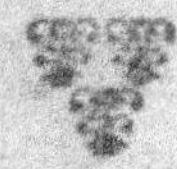

IN VINO DUPLICITAS:
L'ivrogne double tout, son chemin, sa fortune ;
Prononce en begayant deux sillabes pour une,
	Voit deux ronds dans la Lune :
		IN VINO DUPLICITAS.

IN VINO VARIETAS :
L'ivrogne, en même tems, rit, pleure, parle, chante ;
La plus simple couleur à ses yeux est changeante,
	Il voit gris , jaune, amarante :
		IN VINO VARIETAS.

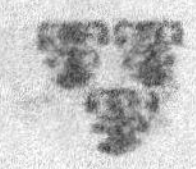

IN VINO FACILITAS:
Pour le Négociant le Vin est néceſſaire,
Puis qu'avec l'Allemand, la Femme, & le Corſaire,
En buvant il fait affaire :
 IN VINO FACILITAS.

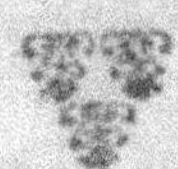

IN VINO FERTILITAS :
Buvez, Auteurs, buvez, ſi vous voulez produire ;
Apollon même à jeun n'oſe montrer la Lire,
Il faut que Bachus l'inſpire :
 IN VINO FERTILITAS.

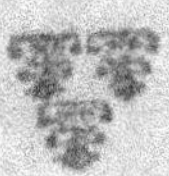

IN VINO BREVITAS :
Tel Diſcoureur à table ennuyant l'Auditoire,
Par ſon Voiſin bien-tôt étant preſſé de boire,
Abrege ſon Hiſtoire,
 IN VINO BREVITAS.

LA

LA Rai - son voy - a - geant un
jour, Trou-va dans l'I - le de Ci-
thè - re Mil - le Beau - tez
di - gnes de plai - re;
Et pour ha - bi - ter ce séjour, El - le fut s'o-frir à l'A-
mour: mour. Mais, Ve - nus lui
dit, La Fo - li - e I - ci regne en

tou-te sai-son, Et con-duit mon
Fils Cu-pi-don: Re-tour-
nez dans vô-tre Pa-tri-e, L'A-
mour ne veut point de Raison; Re-tour-nez dans vô-tre Pa-
tri-e, L'A-mour ne veut
point de Rai-son. Mais, Venus, &c.
son.

CHAN-

## CHANSON PAISANNE.

*Sur l'Air de celle du Philosophe, page 34.*

NOus autres bons Villageois,
Que je menons joyeuſe vie!
Aux plus gros Monſieurs Bourgeois
Je ne portons aucune envie.
Je vivons en grande amiquié,
Entre nous tout eſt par moitié,
Et je n'avons point d'autre loi,
Que celle de la bonne-foi.

   Les ſoins, les ſoupçons jaloux,
N'embaraſſent point nôtre tête:
Nos femmes, toutes pour nous,
Ne nous font point porter la crête.
Si je voyons cocus par fois,
C'eſt tous les ans quelques Bourgeois,
Qui venont comme en rendez-vous,
Paſſer les vacances chez nous.

   Quand je revenons des Champs,
Je trouvons une ménagère,
Qui des plus biaux fruits du tems
Nous fait eu riant chère entière.

P 3                    Aprés

Après fouper, fur nos genoux
Alle batifole avec nous ;
Et pis, quand je fommes en train,
Alle fe boute au lit foudain.

    Le Dimanche, fous l'ormiau,
Colin nous fait entrer en Danfe ;
Il enfle fon Chalumiau,
Tout le Village eft en cadence :
Quand je fommes las, je laiffons
Les filles avec les Garçons ;
Et puis enfuite, j'allons tous
Boire enfemble comme des trous.

    Entre nous le verre en main,
Ah ! que je nous faifons bian aifes !
A table, avec du bon Vin,
Les tretiaux valont bian des chaifes ;
Je n'y voulons point d'ornement,
Ni tous ces Brimborions d'argent :
N'avons-nous pas des mains, des dents,
Comme aviont nos prémiers Parens ?

    Si t'avois vû l'autre jour
Cette Dame Procureufe,
Dans nos Bois faire l'Amour :
Alle a bian l'air d'une amoureufe.

Ils étiont deux, & j'entendois
Qu'elle disoit, Rian que trois fois!
Chien d'Avocat, Amiant transi,
Que mon grand Clerc n'est-il ici!

　Ce que je t'ai dit tout bas,
Lucas, ne va pas le redire;
Car, ces Messieurs n'aimont pas,
Que d'eux j'osions ainsi médire.
Je sis Voisin du Procureur,
Il est jaloux de son honneur:
Pour se venger, il pourroit bian
Acheter ma vigne pour rian.

                 Dor-

DOr-mez-vous? Quoi! le som-meil
mê-me à ta-ble, Vous ac-ca-ble!
A ce Dieu ja-loux, Chers A-
mis, li-vrons la guer-re, Ar-mons
nous d'un ver-re, Bu-vons
tous: En re-pos, un mal-
heu-reux las de vi-vre, Dort &
se dé-li-vre De ses

maux

Mon Amour est payé d'indiférence,
Par un ingrat, qu'une autre a su charmer?
A mes dépens j'ai de l'experience:
Il faut connoître avant d'aimer.

J'ai l'air joyeux, je ris & je badine;
Qui m'en croiroit plus facile auroit tort:
Il ne faut pas s'arrêter à la mine;
Il n'est pire eau que l'eau qui dort.

A mon Epoux vivant j'étois fidelle;
'avois juré de l'être après sa mort;
Mais il n'est point de femme Tourterelle,
Et les absens ont toujours tort.

N'écoutez point la flateuse promesse
D'un cœur qui jure, Iris, d'être constant;
Quand il aura surpris vôtre tendresse,
Autant en emporte le vent.

Près de l'objèt, dont la beauté me flate,
A le servir Damon veut m'engager:
La confidence est par trop délicate,
C'est du Loup faire le Berger.

J'aimois Cloris: sa bouche & son visage
Me rassuroit contre l'afreux dégoût;
Mais l'infidelle a changé de langage:
Monnoye en ce siécle fait tout.

Tircis en butte aux rigueurs de Nanette,
Malgré ses maux avoit un air joyeux :
Ma foi, lui dit une jeune folette,
    Il fait bon battre glorieux.

Cher Alcidon, ma contrainte est extrême,
Je meurs pour vous, & n'ose en dire mot ;
Ah ! si mon sort dépendoit de moi-même,
    Je sai ce qui bout dans mon pot.

J'ai beau jurer, Philis, que je vous aime,
Vous me croyez un cœur faux & couvert.
Quand vous seriez la beauté, Venus même,
    Presser trop l'anguille, on la perd.

## LOURE.

JE vou-drois bien voir la
mi - né, De Pro - ser - pi - ne, De
Pro - ser - pi - ne, Dans l'En-fer; Je
voudrois bien voir la mi - ne, Que
Pro - ser - pi - ne, Fait de-dans l'En-
fer.          Cet - te Nimphe é-
toit fort ai - ma - ble, Lorſque Plu-

tou de - ve - nu son A-
mant En fit l'en - le - ve-
ment, En fit l'en - le - ve-
ment. On dit que son cœur pour
un jeu - ne Dia - ble, Fut si trai-
ta - ble, Que dès l'inf - tant Plu - ton
fut con - vain - cu, Qu'un Dieu
comme un mor = tel, Pou - voit

être

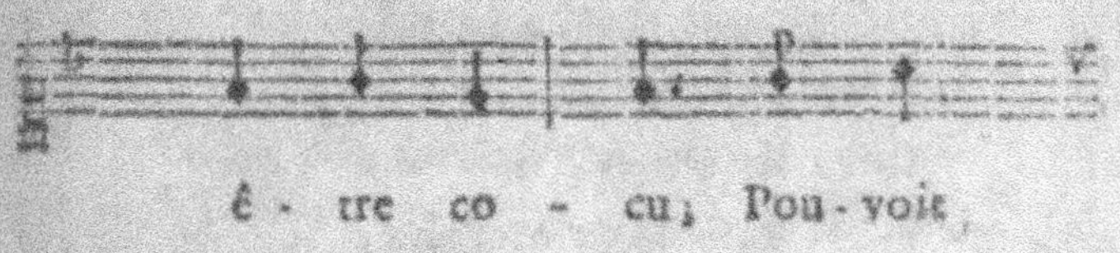


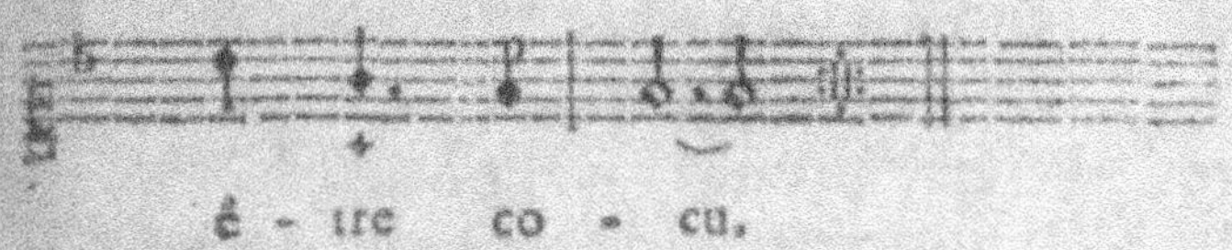


Ami, l'aurois-tu pu croire?
L'on aime à boire,          *bis.*
    Chez les morts;
Ami, l'aurois-tu pu croire?
L'on aime à boire,
Sur les sombres bords.
Lorsque Pluton de nous dispose,
Nous ne faisons dans sa paisible Cour,
    Que boire nuit & jour:          *bis.*
Et le Fleuve d'Oubli, qu'on nous propose,
    N'est autre chose,
Qu'un Vin charmant tel qu'on le boit ici,
Pour éfacer des cœurs l'Amour & le souci,
    L'Amour & le souci.

Cesse de nous faire accroire,
  Qu'on aime à boire,          *bis.*
  Chez les morts ;
Cesse de nous faire accroire,
  Qu'on aime à boire,
  Sur les sombres bords :
Lorsque la Parque inévitable
Vient tristement pousser nos jours à bout,
  On ne boit plus du tout.          *bis.*
  Plût aux Dieux que ton Couplet agréable
    Fut véritable !
  Je verrois le trépas d'un œil serein
Si là bas, comme ici, l'on buvoit de bon Vin.
    L'on buvoit de bon Vin.


  Quand la Parque meurtriere,
    Nous tient en bière,          *bis.*
    Qu'on est sot !
  Quand la Parque meurtrière
    Nous tient en bière,
    Adieu verre & pot.
  Un corps dans son sort pitoyable
Au bord du Stix, dans un cruel frisson,
    Songe à payer Caron.          *bis.*
  Détrompez-vous, la boisson chez le Diable
    Est détestable :


                              Dans

Dans leur repas, Proserpine & Pluton
Ne boivent que de l'eau du bourbeux Phlégeton,
    Du bourbeux Phlégeton.


Pour parvenir à vous plaire,
    Que faut-il faire,          *bis.*
    Belle Iris?
Pour parvenir à vous plaire,
    Que faut-il faire,
    Contre vos mépris?
Eh, quoi! toujours inéxorable:
A tant de pleurs, de sanglots amoureux,
    De soupirs & de vœux!          *bis.*
Pren pitié d'un malheureux qu'on accable,
    Bachus aimable,
Toi seul, comme le Pere du plaisir,
Tu peux, par ton bon vin, m'empêcher de mourir.
    M'empêcher de mourir.


Non, rien n'est plus agréable,
    Que d'être à Table,          *bis.*
    Tous Garçons;
Non, rien n'est plus agréable,
    Que d'être à Table,
    Vivant sans façons.


Q 4

Avec

Avec le sèxe on est en crainte,
Il faut avoir mille facheux égards,
Taire les mots gaillards,
Boire moins des trois quarts.        *bis.*
Mais nous pouvons faire tout sans contrainte,
Loin d'une Aminte,
Qui, jour & nuit, peu contente de nous,
A table comme au lit, compte toujours les coups.
Compte toujours les coups.


Les Vins sont verds, mon Compère,
Tu ne bois guère,        *bis.*
De bon cœur;
Les Vins sont verds, mon Compère,
Tu ne bois guère:
Ah! Dieux! quel malheur!
A Rheims, Bachus, qui l'eut pû croire!
A tant bû d'eau, qu'il n'a plus de vigueur,
Ni pour nous de douceur.        *bis.*
Nous buvons sans plaisir, mais il faut boire,
Pour notre gloire,
Avec Bachus partageons biens & maux;
Il faut de ses Amis suporter les défauts,
Suporter les défauts.

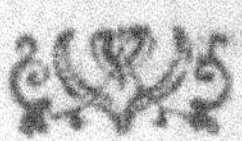

Ma

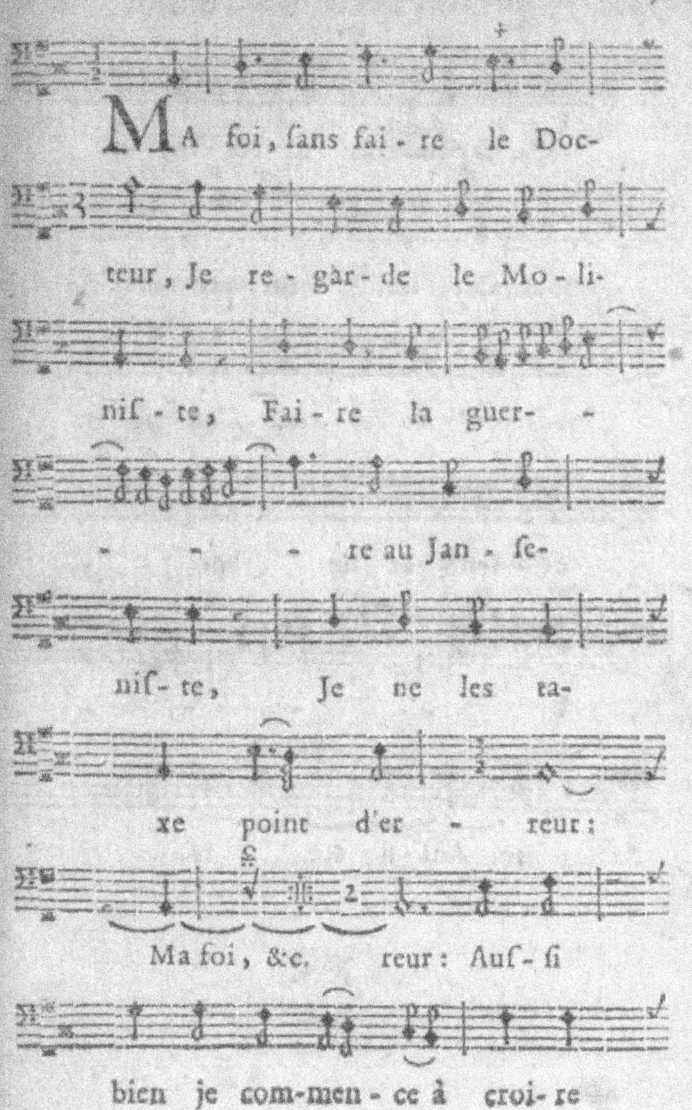
MA foi, sans fai - re le Doc-
teur, Je re - gar - de le Mo - li -
nif - te, Fai - re la guer -
- - - re au Jan - fe -
nif - te, Je ne les ta -
xe point d'er - reur :
Ma foi, &c. reur : Auf - fi
bien je com - men - ce à croi - re

Qu'ils

Qu'ils pour-ront s'ac-cor-der un
jour: Car l'un,dit - on, per-mèt l'A-
mour,per-mèt l'A-mour;L'au-tre ne
dé-fend pas de boi- - -
re. Auf-fi, &c.    re.

D'où

Gai.
D'Où vient que dans le bel
à - ge, l'A-mour l'em por - te
sur le Vin; Et qu'en a-pro-
chant du dé - clin, L'on ai - me
moins, & l'on boit d'a - van - ta-
ge? ge? A - mis, n'y
rê - vons pas, n'y rê - vons
pas beau-coup: C'est qu'ai-mer est

être

ê - tre fou, Et que boi-re eſt
ê - tre ſa - ge; C'eſt qu'ai-mer eſt
ê - tre fou, Et que boi - re,
Et que boi - re, eſt ê - tre ſa-
ge.

Gai.
Un Oi-seau de mau-vais au-
gu-re, En dormant, vingt fois
m'a chan-té; C'est im-pos-
tu-re; Et pour em-brouil-ler
l'a-van-tu-re, Vingt au-tres
fois m'a re-pe-té,
C'est ve-ri-té.

L'Homme se pique de droiture,
De bonne foi, de probité,
    C'est imposture.
Son cœur n'est qu'une source impure,
De fraude, & de duplicité;
    C'est verité.

Iris est une Créature,
Qui se croit d'un air enchanté,
    C'est imposture.
Orez-lui, Parins, & Coiffure,
Adieu Taille, adieu Majesté:
    C'est verité.

Alidor, à ce qu'on assure,
Triomphe en liberalité;
    C'est imposture.
Le Traitre vole, & se parjure,
Pour soutenir sa vanité;
    C'est verité.

Propos d'Amour sont une injure,
Dont Lise a l'esprit irrité ;
    C'est imposture.
Elle aime Jeu, Festins, Parure :
Equivoque est sa Chasteté ;
    C'est verité.

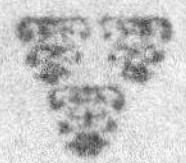

Muni de grands-mots & d'culture,
Jean de Bel-esprit s'est flaté ;
    C'est imposture.
Tirez-le de sa Tablature,
Je le maintiens Ane bâté ;
    C'est verité.

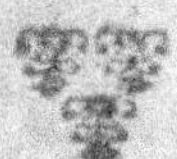

La neige est moins blanche & moins pure,
Que Cloris au tein si vanté ;
    C'est imposture.
Qu'on lui défende la peinture,
Vous lui défendrez la beauté ;
    C'est verité.

R 2                    Le

Le Charlatan Bonaventure,
Vend des sécrets pour la santé ;
   C'est imposture.
Il a fait une belle Cure,
De guerir sa mendicité ;
   C'est verité.

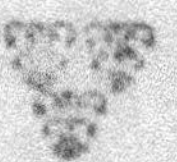

Laure a d'un tendron l'encolure
Dans son régayment afecté ;
   C'est imposture.
Ses dens, ses cheveux, sa charnure,
Accusent son Antiquité ;
   C'est verité.

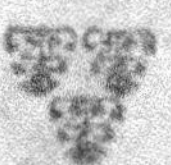

Fier en discours, rogue en figure,
George est un brave redouté ;
   C'est imposture.
Chargez-le, il rompra la mesure ;
Dans ses pieds gît sa sûreté ;
   C'est verité.

ME-

## MENUET.

D'Un son-ge a-gré - a - ble, Clo-
ris, Mes ef- prits Sont en - cor fur-
pris: J'ai cru cer - te
nuit, Par mon A - mour fé-
duit, Vous trou - ver fa - vo-
ra ble. ra - ble. Dans ce fonge ai-
ma - ble, Vous é - tiez trai - ta - ble, Dou-

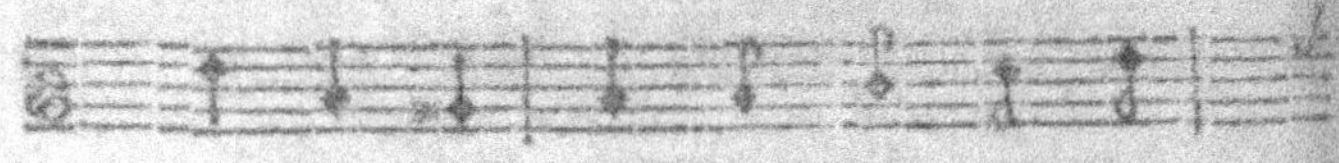

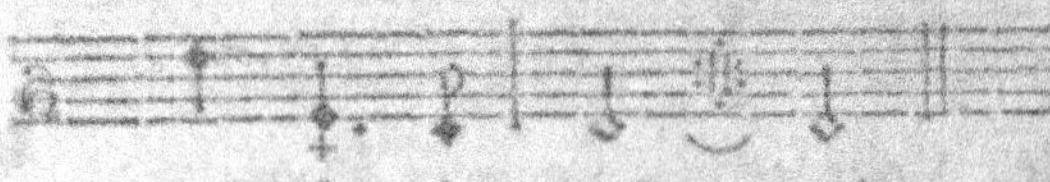


bai-ser la main, main.

> Petite Bergère,
> Tai-toi ;)
> Quand je boi ;,
> Fais tout comme moi ;
> Notre unique emploi,
> Sous l'amoureuse Loi,
> Doit être de nous plaire

Sans

Sans le Dieu du verre,
    Celui de Cithère
    Languit & s'altère
Dans le sein des faveurs.
Bachus entretient nos ardeurs;
Il serre les nœuds de nos cœurs:
    C'est à sa Liqueur,
    Que l'Amant vainqueur
Doit sa gloire & son bonheur.

    La folle Jeunesse,
    Sans Vin,
    Cherche en vain
Un bonheur certain,
En courant sans fin
De la tendresse au Vin,
Du Vin à la tendresse.
    La tristesse Vieillesse
    Prêche en vain sans cesse
    L'austère sagesse,
    D'un ton rude & chagrin;
Mais, dans un âge meur & sain,
Quand on mêle à ce Jus divin
    Un peu de Catin,
    On tient le chemin
Qui méne à l'heureux destin.

R 4                L'OU-

## L'OUVRAGE D'UN MOMENT.

# VAUDEVILLE.

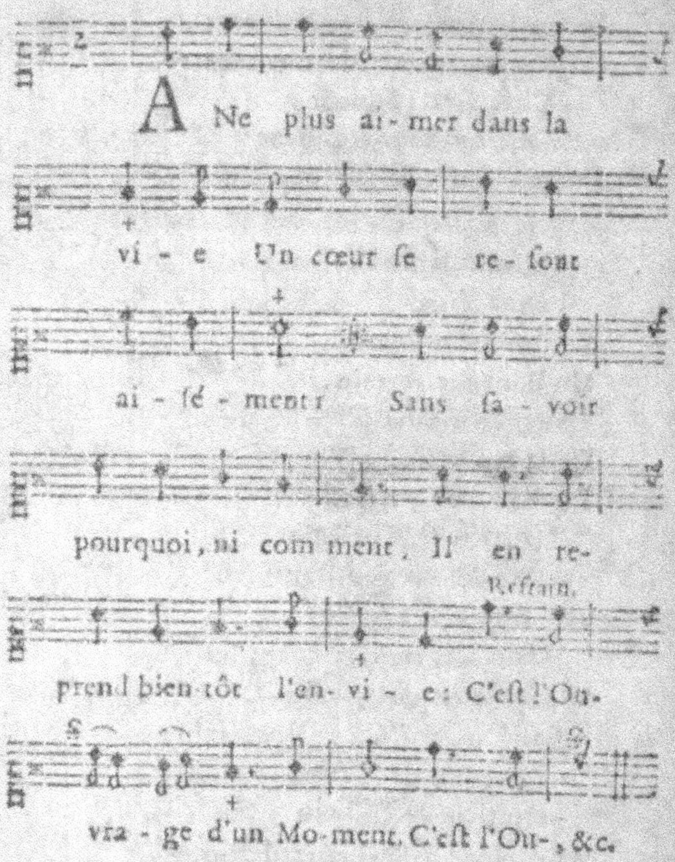


L'ar-

L'ardeur, qu'on croyoit éternelle,
S'éteint quelquefois aisément;
Mais souvent un embrasement
Est causé par une étincelle;
C'est l'Ouvrage d'un Moment.


L'Amant rebuté d'une Belle
Rarement court au changement;
Mais, quand il est heureux Amant,
Le voir devenir infidelle,
C'est l'Ouvrage d'un Moment.


Ce nouveau parvenu qu'on loue
Vous éclabousse fièrement;
Mais, au prémier événement,
Le voir retomber dans la boue,
C'est l'Ouvrage d'un Moment.


Traversez & la Terre & l'Onde,
Les cornes vont comme le vent;
Vous les recevrez promptement,
Quand vous iriez au bout du Monde;
C'est l'Ouvrage d'un Moment.

Pour d'autres si mon Mari panche,
J'imiterai son changement.
Pourquoi s'affliger vainement,
Quand on peut prendre sa revanche,
C'est l'Ouvrage d'un Moment.

Que l'Amour fait de diligence !
Ah ! que c'est un Coureur charmant !
Avec lui je cours hardiment:
Quand j'ai fini, je recommence ;
C'est l'Ouvrage d'un Moment.

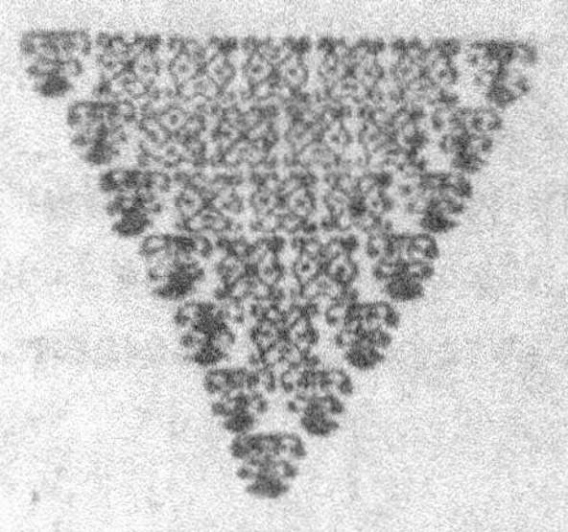

## LA BAGUETTE.

## VAUDEVILLE.

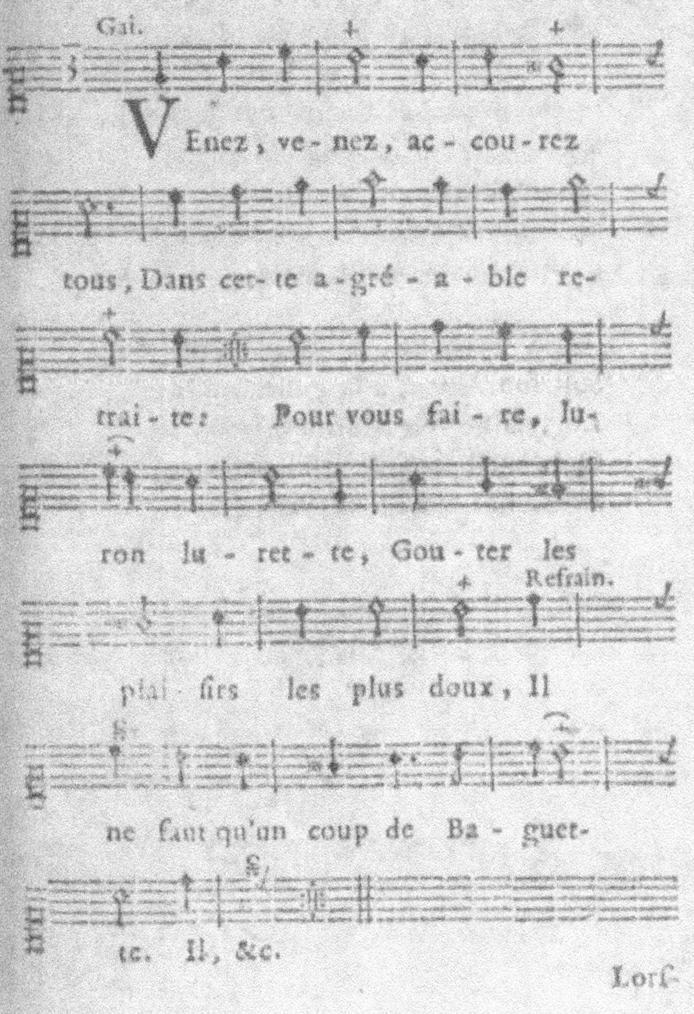

Lorsqu'un Amant s'est entêté
D'une jeune & vive Coquette,
Pour lui faire, luron lurette,
Abjurer l'infidelité,
Il faut plus d'un coup de Baguette.

Un Crésus est toujours heureux,
Quand il poursuit une Grisette :
Dès qu'il montre, luron lurette,
Sa Bourse à l'objèt de ses vœux,
C'est la véritable Baguette.

Un Tendron, malgré sa pudeur,
Suit son Amant à la guinguette ;
Lui, laisse voir, luron lurette,
Qu'elle est sensible à son ardeur ;
Et Bachus fournit la Baguette.

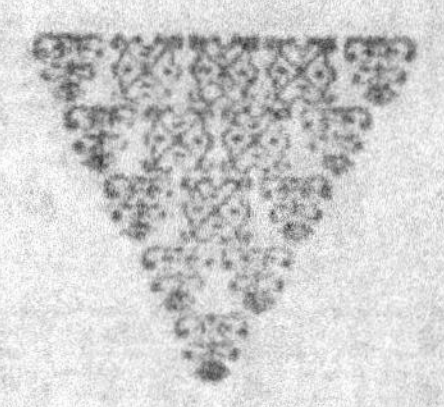

# FETE BACHIQUE.

## UN BUVEUR, ET LE CHOEUR ALTERNATIVEMENT.

### UN BUVEUR SEUL.

## CHOEUR DE BUVEURS.

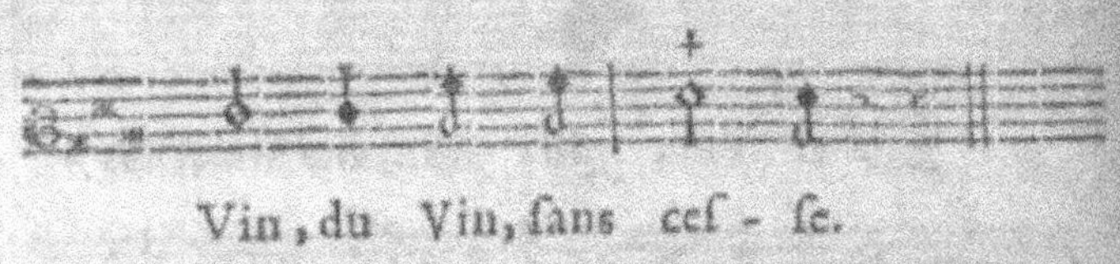


Vin, du Vin, fans cef - fe.

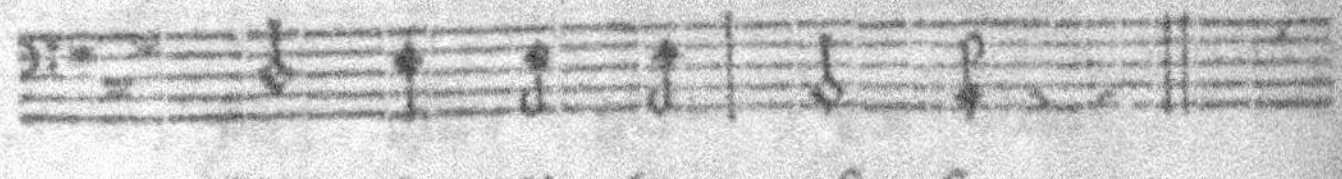


## UN BUVEUR SEUL.

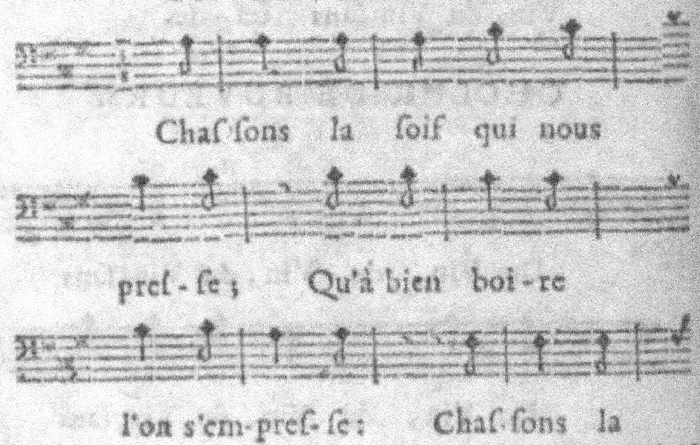


foif

foif qui nous pref - fe, Chaf-
fons la foif qui nous pref - fe;
Qu'à bien boi - re l'on s'em-
pref - fe; Chaf - fons la
foif qui nous pref - fe; Qu'à bien
boi - re l'on s'em pref - fe, Qu'à bien
boi - re l'on s'em - pref - fe.

S 2             CHOEUR

## CHOEUR DE BUVEURS.

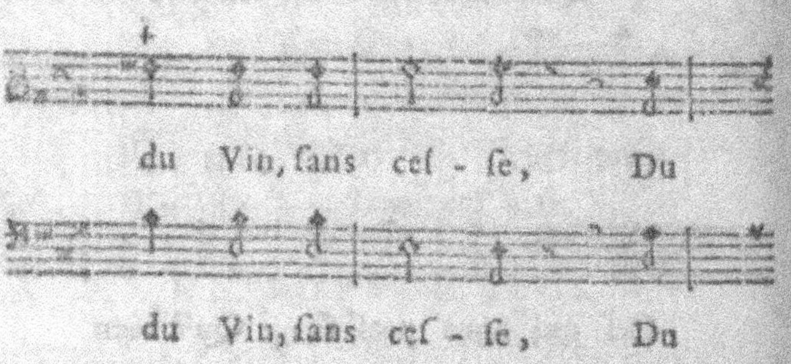


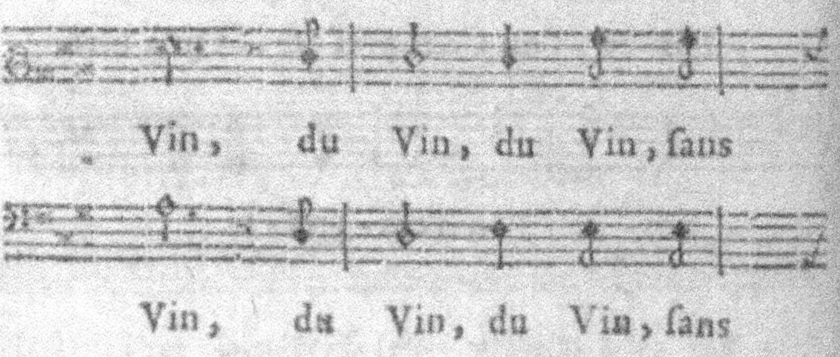

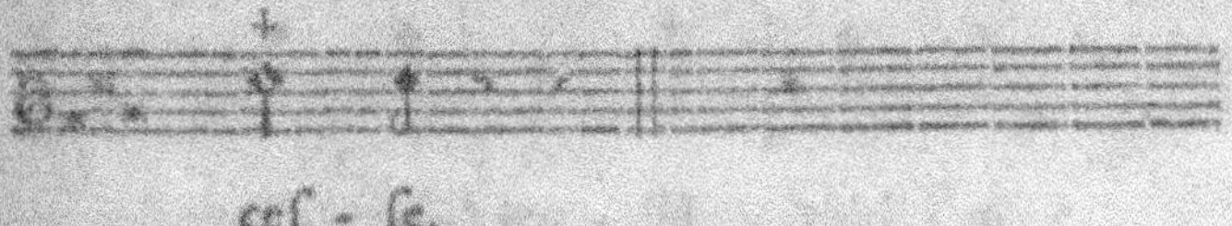


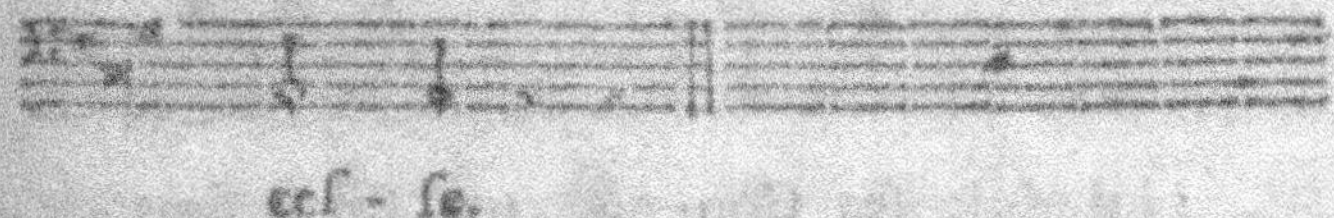


## UN BUVEUR SEUL:

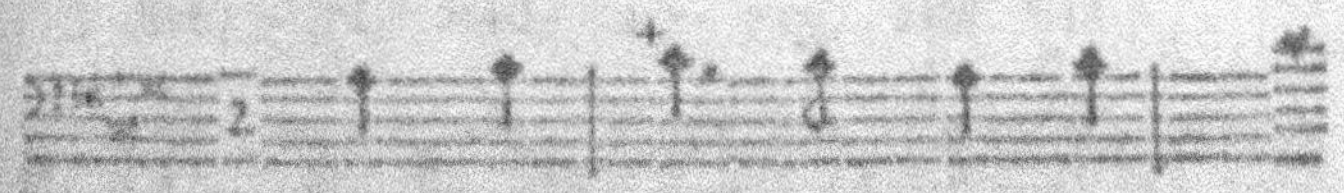


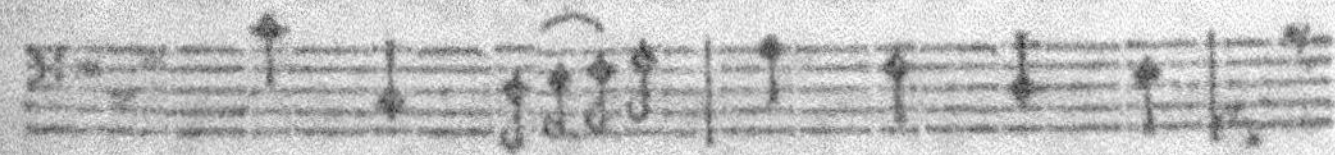

ables

a - bles Fê - tes? Ve - nus
lui doit ses Con - quê - tes. Est-il sans
lui d'a - gre - a - bles Fê - tes?
Est - il sans lui d'a - gre - a - bles
Fê - tes? Ve - nus lui doit ses Con -
quê - tes? Ve - nus lui doit ses Con -
que - tes.

CHOEUR

## CHOEUR DE BUVEURS.

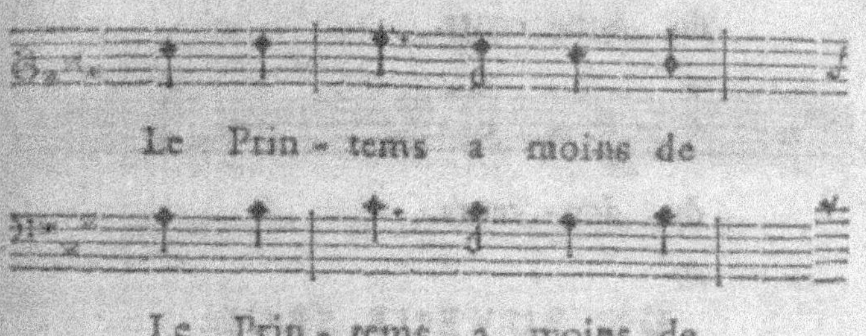


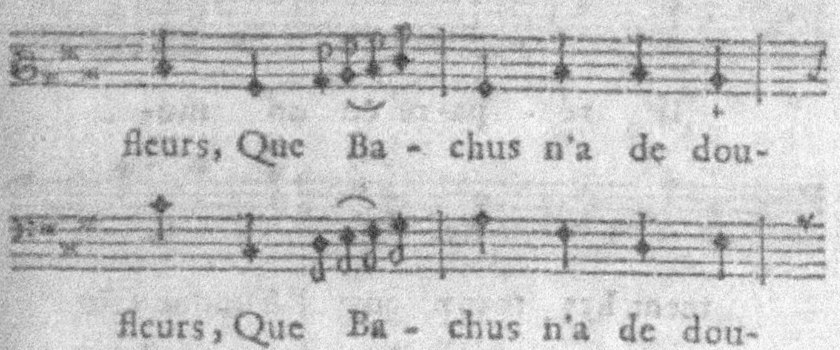


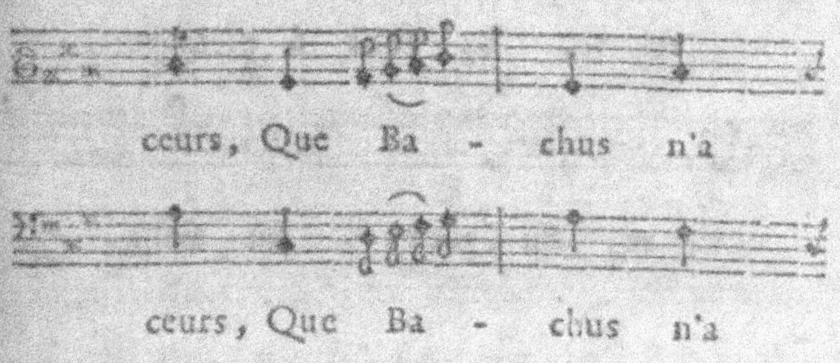


S 4

de

## UN BUVEUR SEUL.

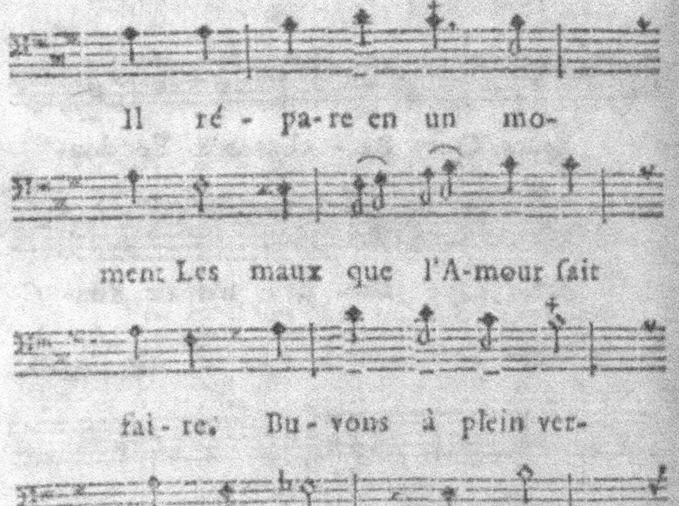

## CHOEUR DE BUVEURS.

vons

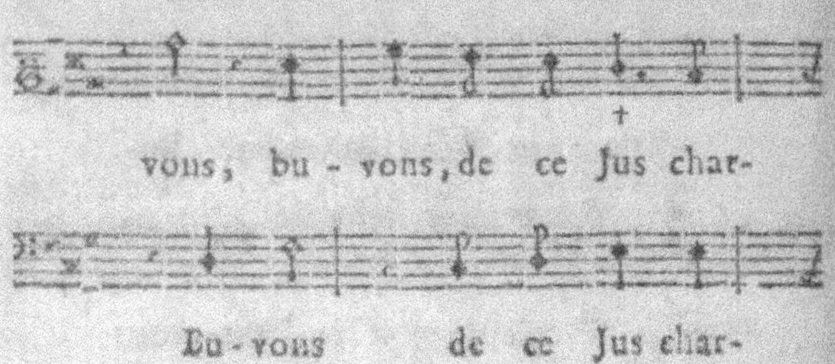
vous, bu - vons, de ce Jus char-
Bu - vons　　de ce Jus char-

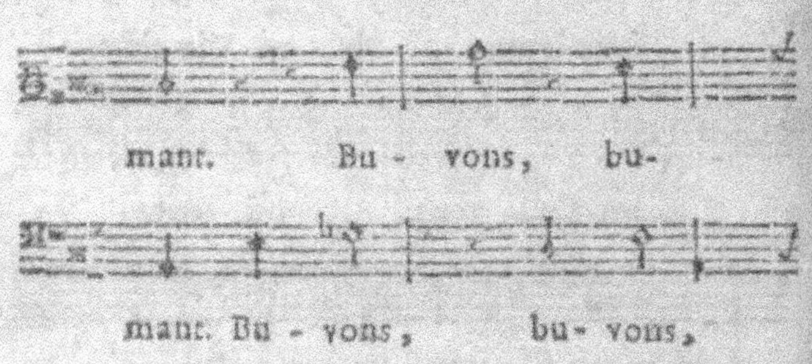
mant.　Bu - vons,　bu-
mant. Bu - vons,　　bu - vons,

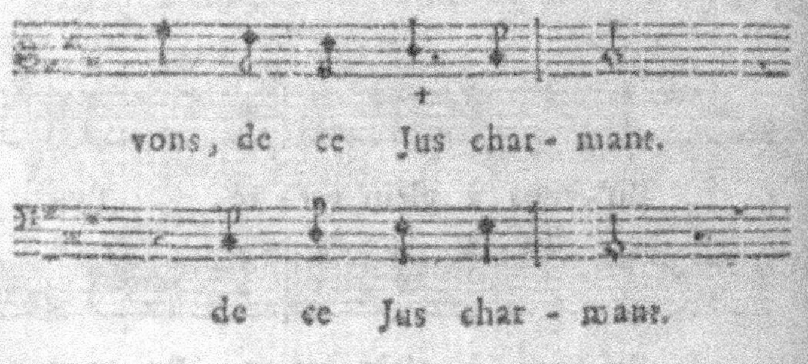
vons, de ce Jus char - mant.
de ce Jus char - mant.

UN

## UN BUVEUR SEUL.

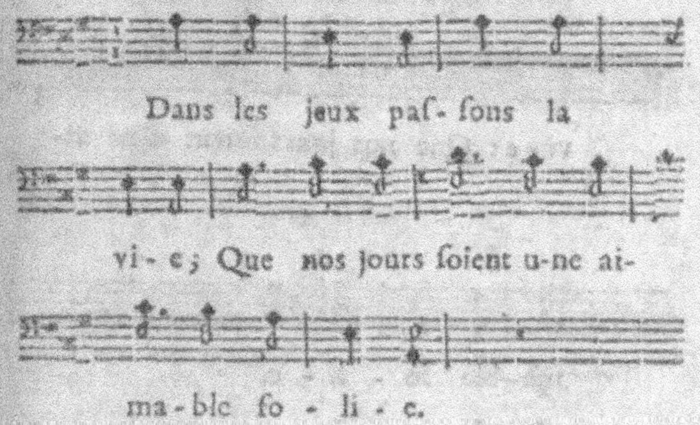



## CHOEUR DE BUVEURS.

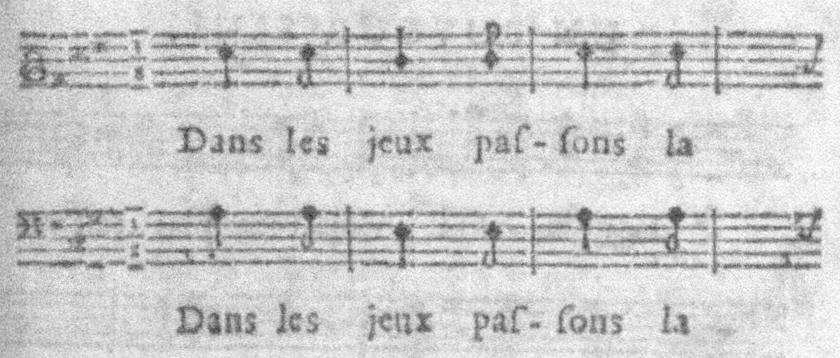



vie

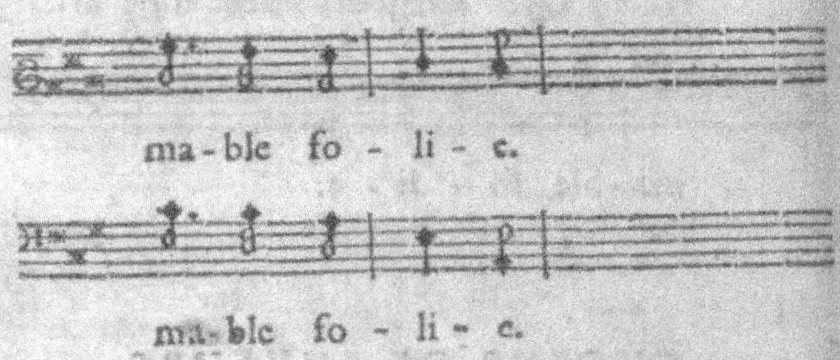


## UN BUVEUR SEUL.

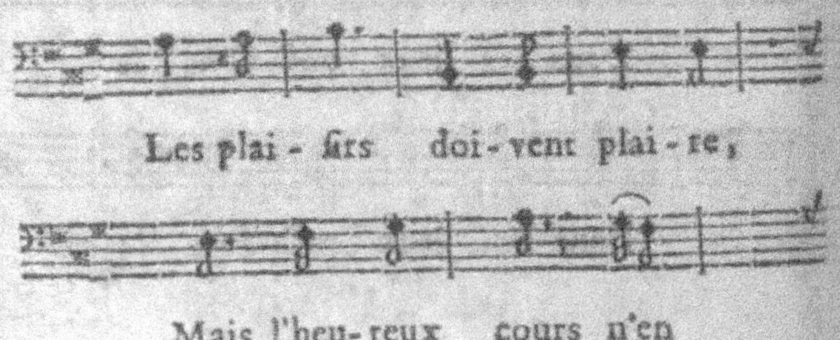


du

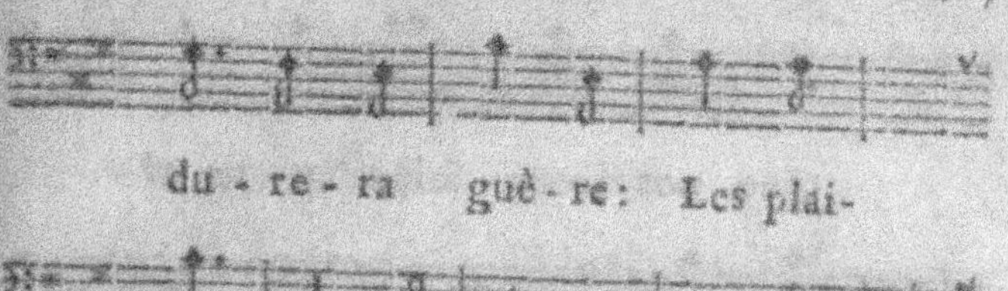

du - re - ra guè - re: Les plaifirs doi - vent plai - re; Pro - fi - tons

en, nous ne pou - vons mieux


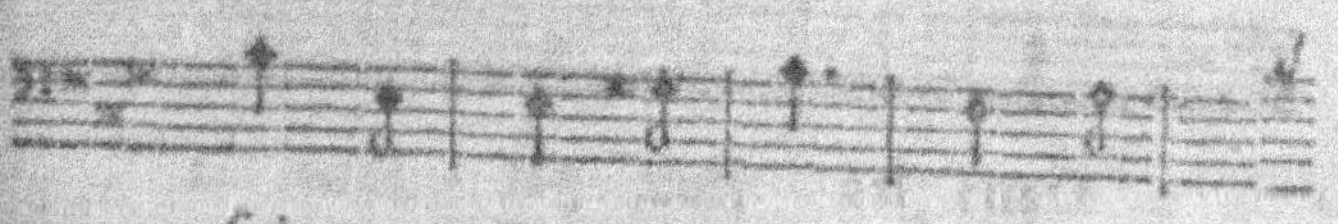

fai - re. Le feul Jus De Ba-

chus, Et l'Amour, Tour à tour,


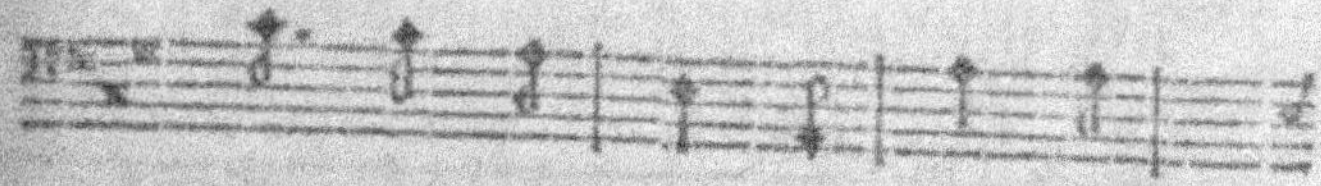

Font nôtre en - vi - e. Dans les

jeux paf - fons la vi - e;

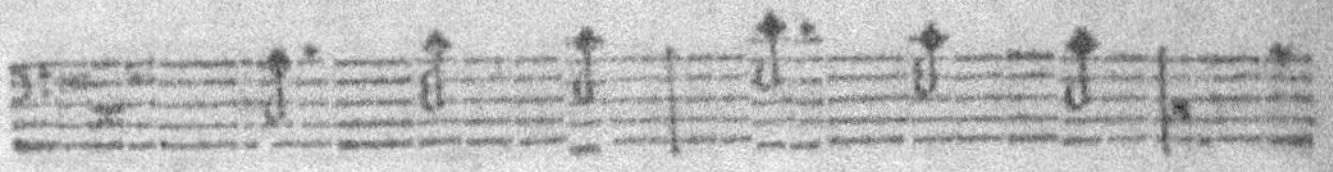


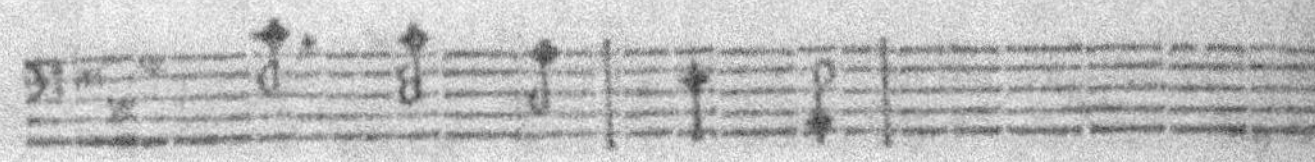


## CHOEUR DE BUVEURS.

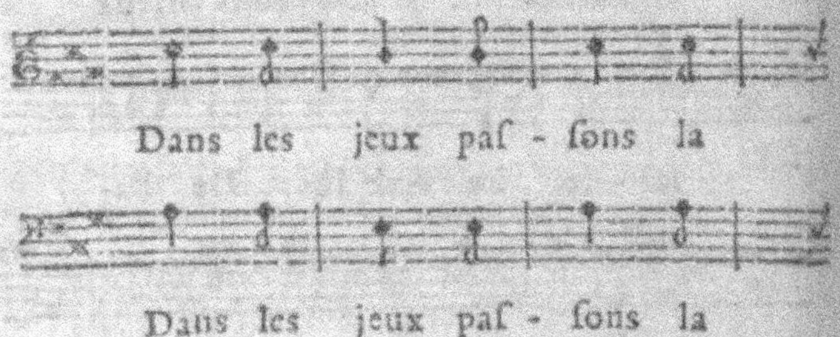


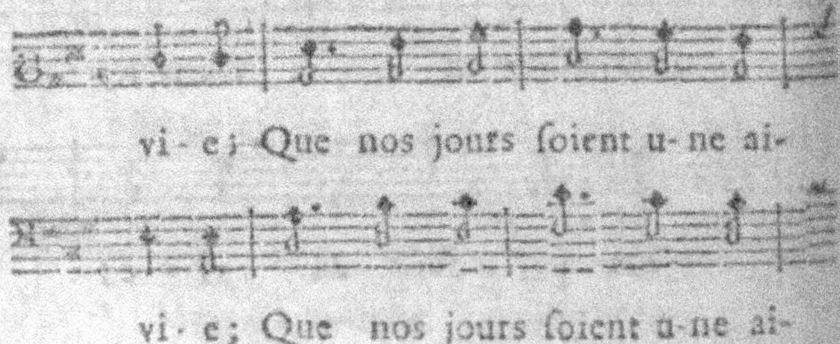


mable

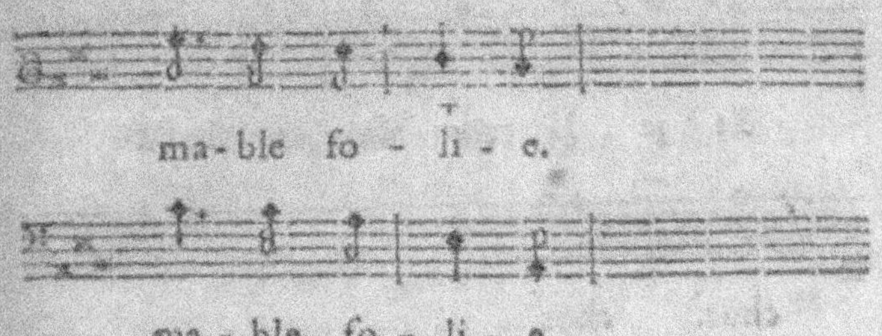


## L'ORDRE DE LA JOYE.

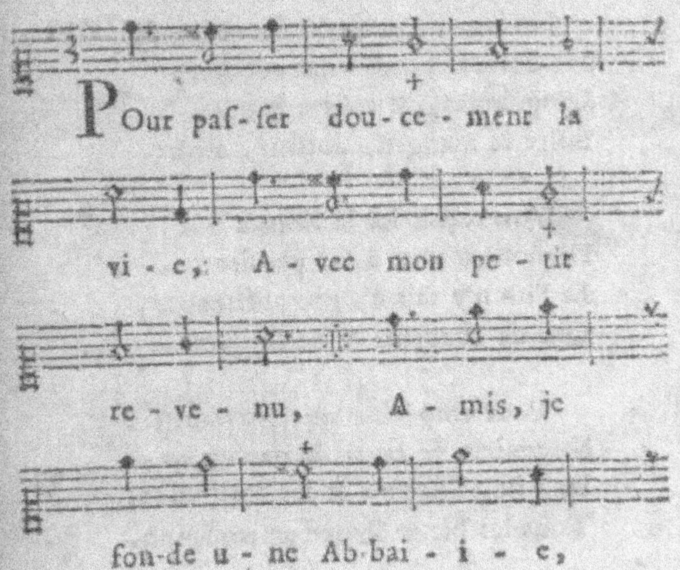


T 2                    Et

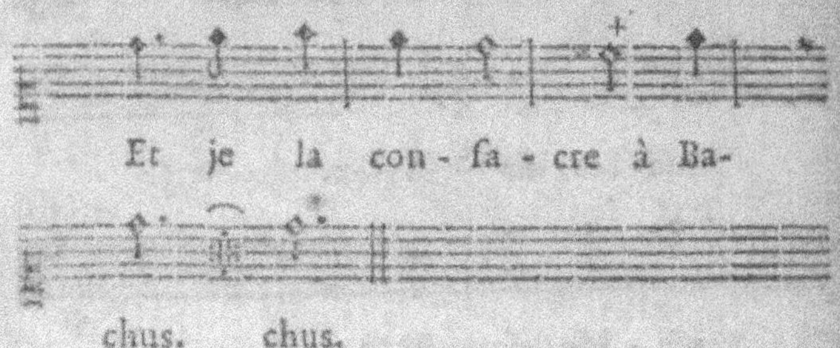


Je veux qu'en ce lieu chaque Moine,
Qui viendra pour prendre l'habit,
Apporte pour tout Patrimoine,
Grande soif & bon appetit.

Les vœux, qu'en ces lieux on doit faire,
Ne doivent point vous rebuter ;
Long repas, & courte priere,
Boire & manger, dormir, aimer.

L'on reçoit ici la licence
De donner tout à ses plaisirs ;
Et l'on n'y fait d'autre abstinence,
Que de chagrins & de soupirs.

Pour empêcher que les richesses
Ne tentent le cœur de quelqu'un ;
Le Vin, l'Argent & les Maitresses,
Tous les biens seront en commun.

Cha-

Chacun aura sa Pénitente
Conforme à ses pieux desseins ;
Et, telle qu'une jeune Plante,
L'arrosera soir & matin.

Si la Belle a quelque scrupule ;
Le Père Directeur pourra,
La mener seule en sa cellule,
Lui lever le doute qu'elle a.

N.... nous chantera Mâtines,
Très-courtes, de peur d'ennuyer.
Je laisse à N.... la Cuisine,
N.... prendra soin du Cellier.

Aimer le Vin, point de contraintes,
Chérir son Frère comme soi :
Voilà nos Maximes succintes,
Nos Prophètes & nôtre Loi.

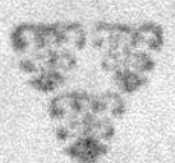

L'Amour jaloux de la Victoire,
Que Bachus remporte en ce jour,
Prétendant partager sa gloire,
Fonde une Abbaye à son tour.

Pour Abbesse il vous a choisie:
L'ordre en est écrit dans vos yeux:
Pour voir cette Loi bien suivie,
Pouvoit-il jamais choisir mieux?

En regardant ce beau visage,
Qui comme une fleur doit passer,
N'en présumez pas d'avantage,
Songez seulement d'en user.

Et vous, ma Sœur, pleine de zèle,
Qui parmi nous voulez venir;
L'Amour en ce lieu vous appelle,
L'Amour doit vous y retenir.

Si nous recevons dans la Troupe
D'aussi belles Sœurs désormais,
Je jure, en vuidant cette coupe,
L'Ordre ne finira jamais.

## LA CHASSE HEUREUSE.

A l'aide d'un vent frais,
Sa blonde chevelure
Flottoit à l'avanture.
L'Amour m'avoit exprès
Tendu ces beaux filèts.

Le soufle doux & sain
De sa bouche vermeille
Eut enrichi l'Abeille,
D'un suc encor plus fin,
Que n'est celui du thin.


Près de son tein je vis
La Rose palissante ;
Et sa gorge naissante,
Qui disputoit le prix
De la blancheur du Lis.


Sous un linge envieux,
D'autres beautez encore
Sembloient vouloir éclore :
L'Amour oficieux
Les découvre à mes yeux.


Ciel ! que devins-je alors !
Que d'appas ! Venus même,
Au beau Chasseur qu'elle aime,
Fit voir moins de trésors,
Causa moins de transports.

Les

Les Zéphirs amoureux,
Charmez de cette Belle,
Badinoient autour d'elle.
Je badinai mieux qu'eux,
Et je fus plus heureux.

La Belle, entre mes bras,
Paroissoit assoupie.
Si sa Pudeur trahie
Fit dormir ses appas,
Son cœur ne dormoit pas.

## LA PRECAUTION.

ſer-

ser à boi-
re. Je ne sais qui des deux,
ga-gne par ce Mar-ché, Mais si
tôt que je suis cou - ché,
El-le ne manque pas d'a-por-ter son mé-
moi - re. El-le a, &c. ie.

Pour

POur me mettre en train, Me
dit un jour Ca - tin, D'un air ba-
din, Ber - ger, mèts - moi les
Ar - mes à la main.
Pour la sa - tis - fai - re,
Je l'ar - mai d'un ver - re: El-
le me dit tout bas, Ber - ger, tu

ne

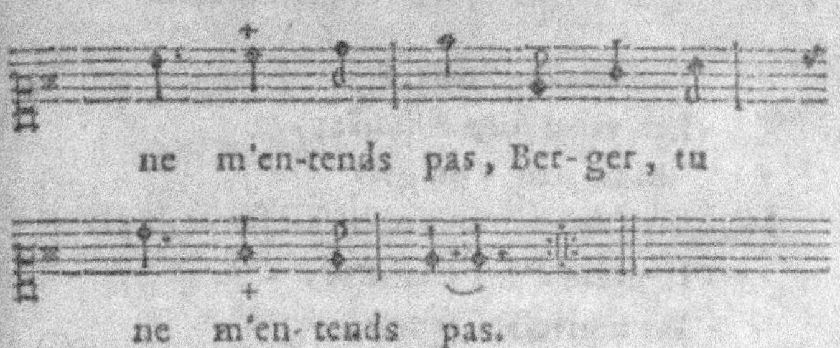


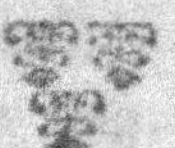


L'autre jour, Colin
Me difoit, Ma Catin,
Verfe du Vin.
Ah ! qu'il eft doux ! quand il vient de ta main.
Que l'on en murmure,
Que l'on me cenfure ;
Je veux boire & t'aimer,
Et pour tous deux m'enflammer. *bis.*

Je lui dis foudain ;
Berger, voici du Vin,
Et de ma main.
Pren de ce Jus, bois en ton verre plein :
Mais, l'Amour te jure,
Qu'il prête à ufure,
Et qu'en certain moment,
Tu dois le rendre content. *bis.*

Des beautez d'Iris
Les yeux sont éblouïs ;
Mais, ce Vin gris
Mieux qu'Amour même en fait sentir le prix :
Il prête à ses charmes,
De nouvelles armes,
Et lui soûmèt les cœurs
Des plus farouches Buveurs.    *bis.*

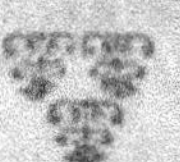

Bachus, ta Liqueur
Ne peut d'un tendre cœur
Guerir l'ardeur ;
Malgré toi, l'Amour est toujours Vainqueur.
Loin de me défendre,
J'ai le cœur plus tendre,
Et mon Amant heureux
Voit son bonheur dans mes yeux.    *bis.*

Non.

Non, non, ce n'est point u-ne é-
toi - le fu - nes - te, Qui
rend tant de Nor-mans par-ju-
res & trom-peurs, Si l'on
voit leur Pa - ïs fé - cond
en Im - pof - teurs, Cef-
fons d'en ac - cu - fer l'in flu-
en - te ce - lef - te:

Pri-

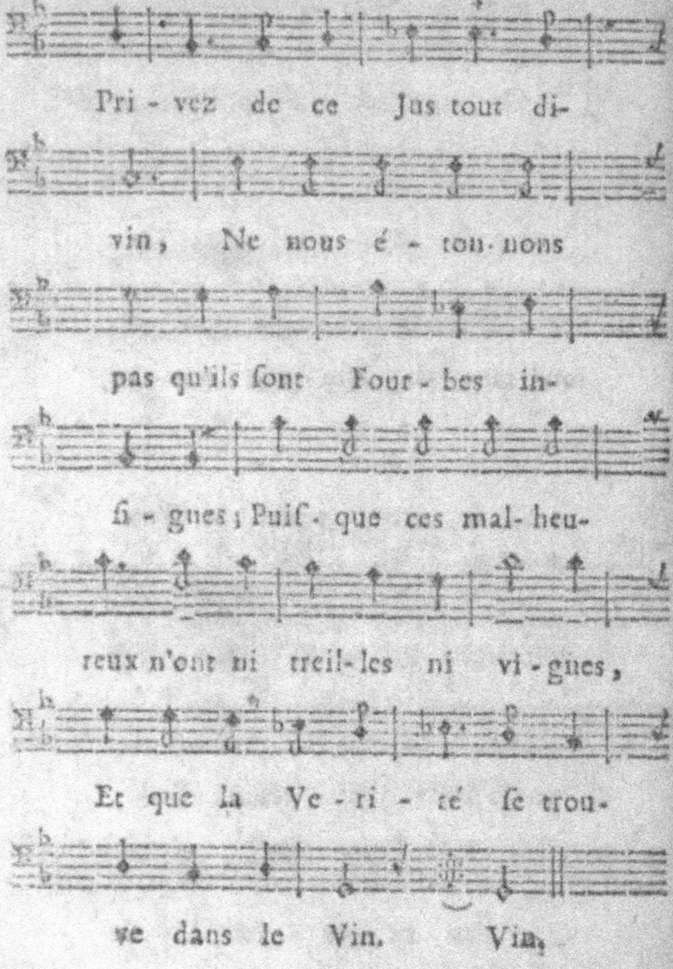

Pri - vez de ce Jus tout di -

vin, Ne nous é - ton - nons

pas qu'ils sont Four - bes in -

fi - gnes ; Puis - que ces mal - heu -

reux n'ont ni treil - les ni vi - gnes,

Et que la Ve - ri - té se trou -

ve dans le Vin. Vin,

RON-

## RONDE DE TABLE.

Gai.

V 3

Tous

Tous vrais Amis & sans façon,   } bis.
Verse-moi de ce Bourguignon :
La chère est bonne & le Vin bou.
Hélas ! hélas ! c'est tout ce qu'il me faut.
Verse-moi, qu'importe qu'il me renverse,   } bis.
Verse-moi de ce Bourguignon.

La chère est bonne & le Vin bon,   } bis.
Verse-moi de ce Bourguignon :
L'Hôtesse de cette maison,
Hélas ! hélas ! c'est tout ce qu'il me faut.
Verse-moi, qu'importe qu'il me renverse,   } bis.
Verse-moi de ce Bourguignon.

L'Hôtesse de cette maison   } bis.
Verse-moi de ce Bourguignon :
Nous en ofre encore un flacon,
Hélas ! hélas ! c'est tout ce qu'il me faut.
Verse-moi, qu'importe qu'il me renverse,   } bis.
Verse-moi de ce Bourguignon.

Nous en ofre encor un flacon,   } bis.
Verse-moi de ce Bourguignon :
Qu'ai-je à craindre pour ma raison ?
Hélas ! hélas ! c'est tout ce qu'il me faut.
Verse-moi, qu'importe qu'il me renverse,   } bis.
Verse-moi de ce Bourguignon.

Qu'ai-

Qu'ai-je à craindre pour ma raison, }
Verse-moi de ce Bourguignon ;       } bis.
Déja son œil tendre & fripon,
Hélas ! hélas ! c'est tout ce qu'il me faut.
Verse-moi, qu'importe qu'il me renverse, }
Verse-moi de ce Bourguignon.            } bis.


Déja son œil tendre & fripon,      }
Verse-moi de ce Bourguignon ;      } bis.
S'en est mis en possession.
Hélas ! hélas ! c'est tout ce qu'il me faut.
Verse-moi, qu'importe qu'il me renverse, }
Verse-moi de ce Bourguignon.            } bis.

## DECLARATION.

Tendrement.

fens qu'à vo - tre vu - e:
Je fonge à vous mal-gré moi-
mê - me, Je crois vous voir la
nuit, je vous cher-che le jour:
Si ce n'eft pas là comme on
ai - me, A-pre-nez-moi ce que
c'eft que l'A-mour. mour.

## SARABANDE.

Pour se for - mer u - ne ai-
gre - a - ble vi - e, Il faut n'a-
voir ni det - tes, ni chagrin, Pro - cès, ni mau - vais
Vin: Vin: Et si l'on veut
Fem-me jo - li - e, Il faut chercher cel - le de son Voi - sin.

Gar-dons-nous bien de faire la fo-li-e, D'a-voir chez
nous pe-tit En-fant qui
cri-e. Ce n'eſt pas d'au-jour-
d'hui, Qu'un plai-ſir ſans ennui, Se trou-ve chez au-
crui, trui.

Pour

Pour être heureux auprès d'une Bergere,
Il faut avoir une Bouteille en main
    Pleine du meilleur Vin.
Quand l'une ou l'autre est trop legere,
Il faut changer son malheureux destin.
Pourquoi languir aux pieds d'une Cruelle,
Et se piquer d'avoir un cœur fidelle?
        Bruler de nouveaux feux,
        Boire du Vin des Dieux,
    N'est-on pas plus heureux?


C'est dans vos yeux, que l'Amour prend des at-
Lorsque d'un cœur il veut troubler la paix, (mes.
        Il emprunte vos traits:
        Il est jaloux
        De tant de charmes,
Dont il ne peut se servir contre vous.
        Pour vous reduire
        Sous son Empire,
Il ofre en vain ses plus tendres ardeurs.
Il a, pour nous blesser, besoin des traits Vain-
    Dont vous percez les cœurs.            (queurs.


Les jeux, les ris, près de vous se vont rendre:
Le Dieu du Vin y vient faire sa Cour
        A celui de l'Amour:

C'est

C'est dans vos yeux qu'on vient apprendre,
Que pour sa gloire il a choisi ce jour.
Bachus enfin soupire, & devient tendre;
De vos appas ils ressent les douceurs.
    Belle Iris, quel honneur!
    Vous enchaînez son cœur,
    Au milieu des Buveurs.

Il ne s'attache qu'à me plaire,
Il vole au devant de mes vœux :
Si Maman connoiſſoit ſes feux,
Elle en ſeroit fort en colère ;
Mais, ce Berger, &c.

Si l'on ſavoit dans le Village,
Que les fleurs, qui parent mon ſein,
Je les dois toutes à ſa main,
Mes Compagnes mourroient de rage ;
Mais, ce Berger, &c.

Quel

Quelquefois son ardeur l'emporte
A me demander un baiser ;
Et, quand je veux le refuser,
Je sens que je suis la moins forte ;
Mais, ce Berger, &c.

Un jour il me dit, ma Bergère ;
Vous êtes mon souverain bien.
Je voulois briser l'entretien,
L'Amour m'empêcha de le faire,
Mais, ce Berger, &c.

J'écoutois avec complaisance ;
Il sut profiter du moment.
Ah ! quand on s'aime tendrement,
On va bien plus loin qu'on ne pense ;
Mais, ce Berger, &c.

## CHANSONNETTE.

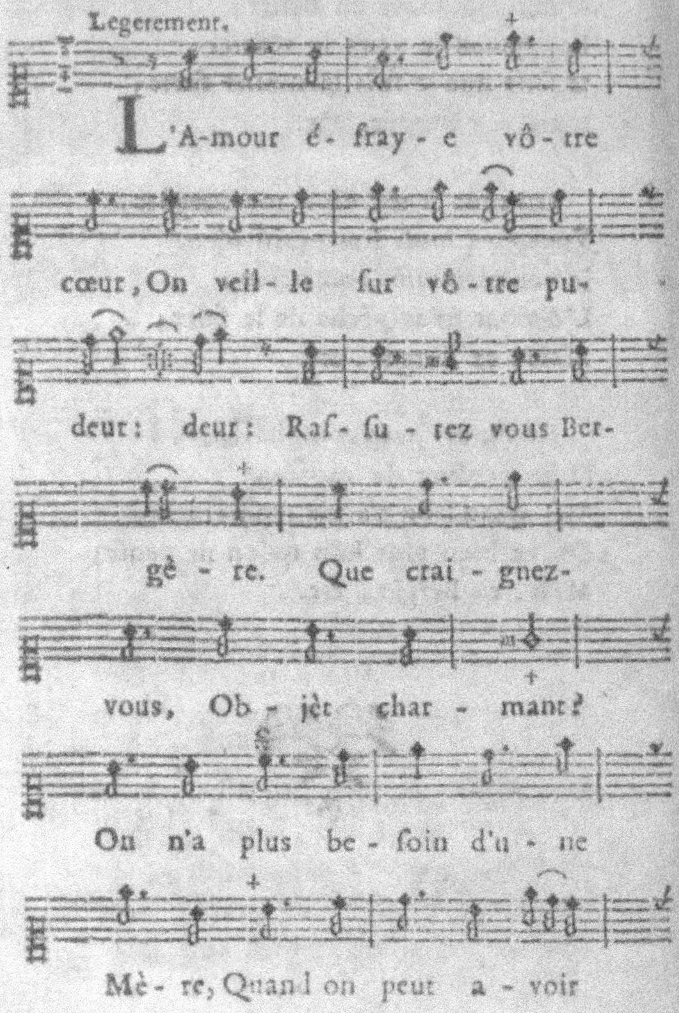


un

un A - mant Raf-, &c. mant.
Ou n'a, &c. mant.
Gai.
LE plai - fir de la
vi - e, Con - fif - te à trou - ver U-
ne tendre A - mi - e, Qui
fache a-prou-ver Tou - te la fo-

li - e, Où l'a - me ra -
vi - e Cher - che à se li -
vrer: vrer. J'ai - me à voir ma Maî -
tref - fe, Le ver-re à la
main, M'a - ni - mer fans cef - fe, A
boi - re du Vin, Et, pour
tout di - re en - fin, Je veux
que fa ten - dref - fe Ne

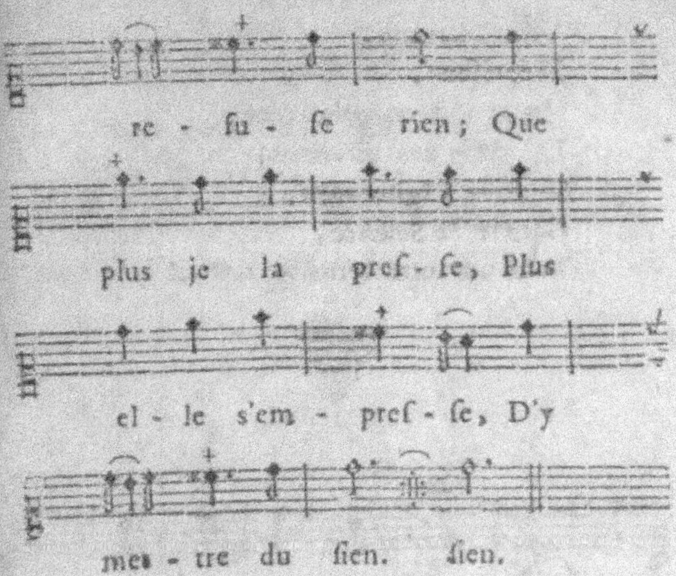


D'un Répas agréable
Aprenez les Loix.
D'une troupe aimable
Il faut faire choix :
Que tout foit fortable,
Jamais neuf à table,
Toujours plus de trois :
Banniſſez la Satire,
Pleine Liberté ;
Mais qu'elle n'inspire,
Que la gayeté.

 Vous

Vous, Savans,
Méprisans,
Un peu de complaisance,
Et, dans ces momens,
Souffrez l'Ignorance,
Gardez la Science,
Pour un autre tems.

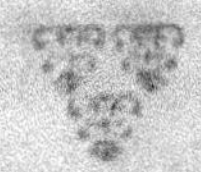

Ah!

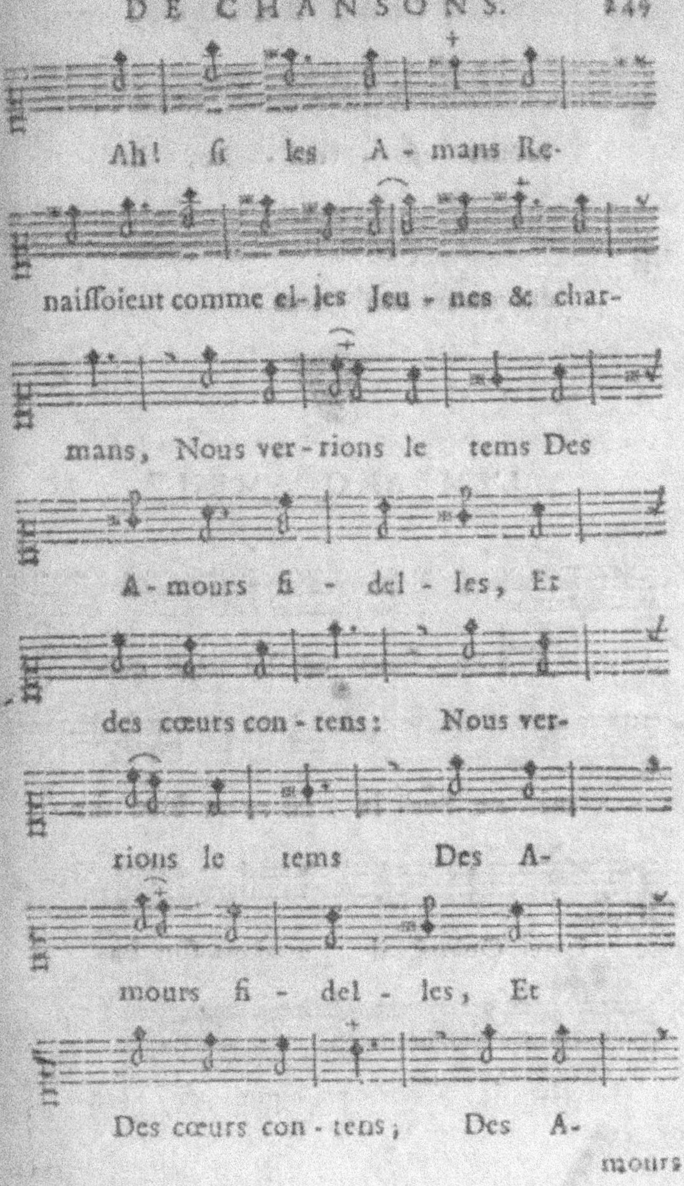

Ah! si les A - mans Re-
naissoient comme el-les Jeu - nes & charmans, Nous ver-rions le tems Des
A-mours fi - del - les, Et
des cœurs con - tens; Nous ver-
rions le tems Des A-
mours fi - del - les, Et
Des cœurs con - tens; Des A-
mours

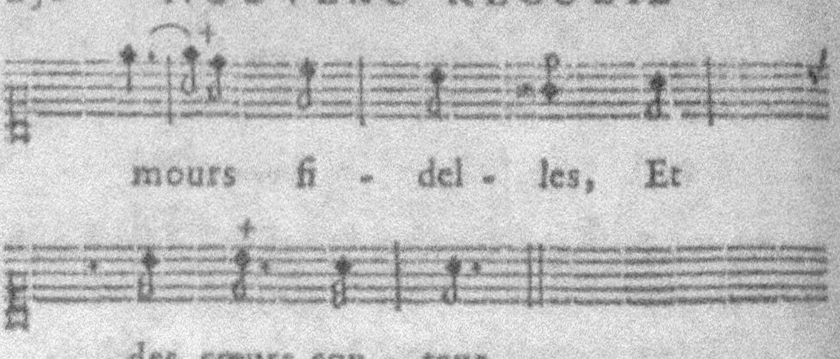


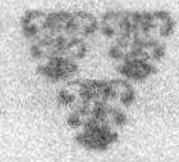

## L'EMBARQUEMENT.

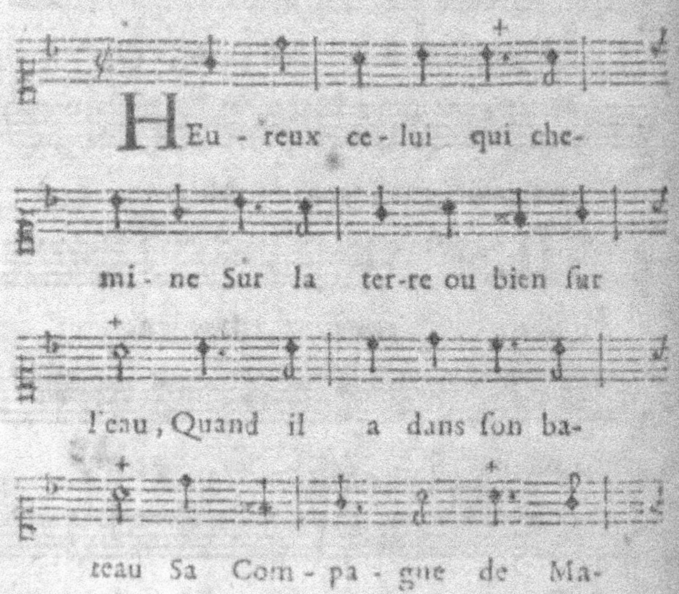


rire

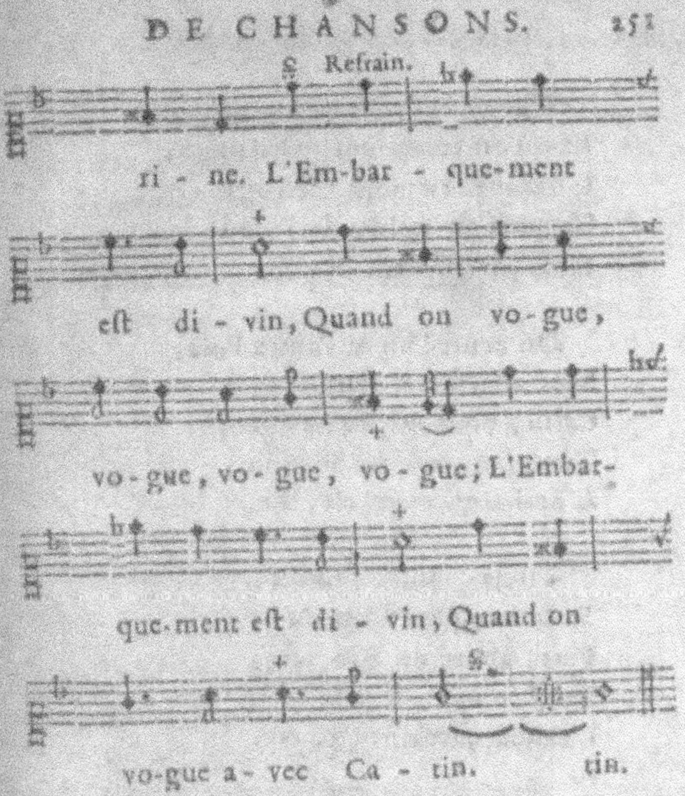


Si quelquefois l'on sommeille,
Sur la foi des doux Zéphirs,
L'Amour, suivi des plaisirs,
Bien-tôt après nous reveille.
L'Embarquement est, &c.

Quand

Quand le fier Aquilon gronde,
Et qu'on craint quelque danger,
L'Amour sait nous ménager
Un port au milieu de l'Onde.
L'Embarquement est, &c.

On court l'un & l'autre Pole,
Sans allarme & sans danger.
Catin, pour mieux naviger,
Tient sans cesse la Boussole.
L'Embarquement est, &c.

Tircis consulte l'Etoile,
Et contemple l'Element;
Puis, assuré du bon vent,
Tend le mât, leve la voile.
L'Embarquement est, &c.

Bien loin que Catin se fache,
Et se plaigne du long cours,
Voguons, dit-elle, toujours,
Tircis, voguons sans relache.
L'Embarquement est, &c.

Hen-

Heureux celui qui chemine,
Sur la terre, & non sur l'eau,
Qui fait passer son Vaisseau,
Par le vent de la Cuisine.
L'Embarquement est divin,
Quand on vogue sur le Vin.


Ne parlons que de la Terre,
Ne parlons plus de la Mer :
C'est un plaisir de voguer,
A la table avec un verre.
L'Embarquement est, &c.


Si vous voulez que je chante,
Faites-moi donner du Vin :
C'est l'unique boute-en-train,
Qui m'anime & qui m'enchante.
L'Embarquement est, &c.


Si vous voulez que je gronde,
Faites-moi donner de l'eau :
Elle a servi de tombeau
Une fois à tout le monde.
L'Embarquement est, &c.

Pour s'embarquer deſſus l'Onde,
Faut être ſans jugement :
Qui va ſur cet Element
Peut bien dire, Adieu le Monde.
L'Embarquement eſt, &c.

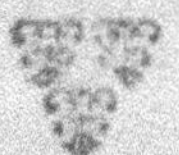

## TENDRESSE BACHIQUE.

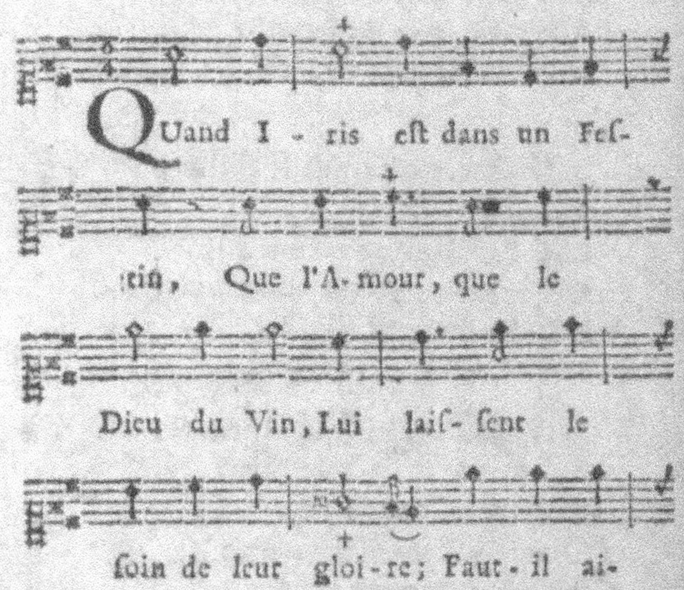

mer, ou faut-il boi-
re :          re ?          Ba - chus,
mieux que toi - mê-me el-le ex-
ci - te un Bu - veur.   A - mour,
mieux que tes traits, ses   yeux
per - cent le   cœur.   Bachus, mieux que toi - même elle a-
ai-me un Bu - veur.   A - mour,

Y 2                              mieux

## RONDE DE TABLE.

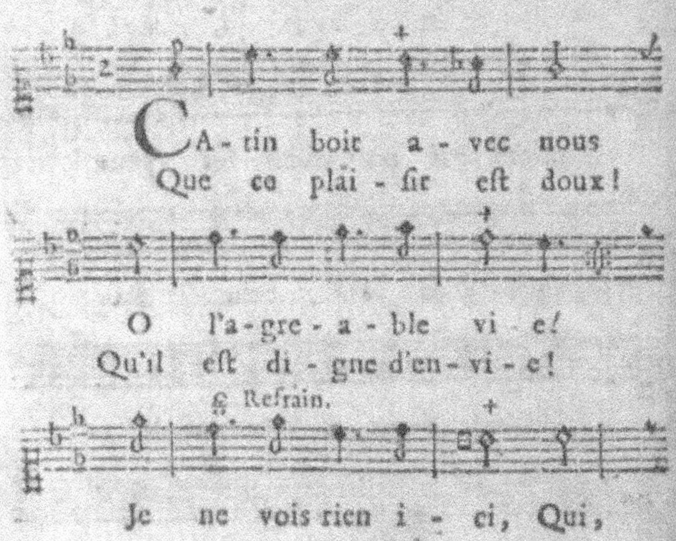

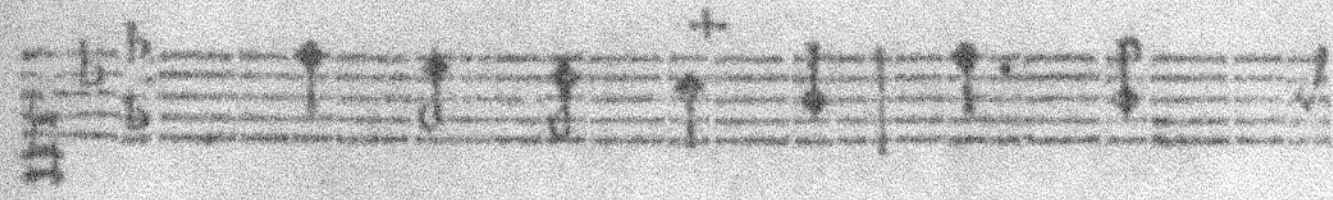

qui  ne  me  plai-se:  L'on chan-

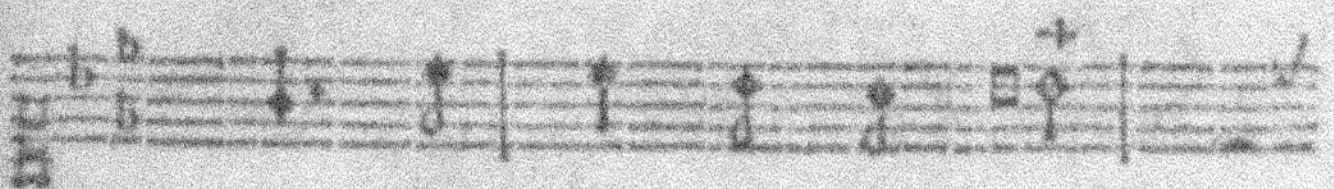

te,  l'on  rit,  à  son  ai-

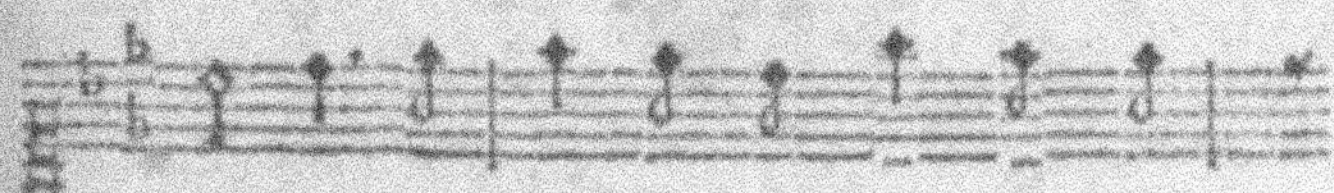

se ; Et  la  Soif, &  l'Amour, l'on ap-

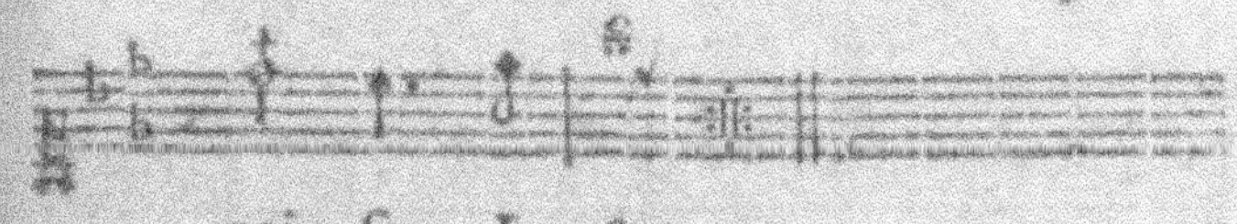

pai - se.   Je, &c.


A table, avec Catin,
Qu'on a l'ame ravie !
Puisse un si doux destin,
Durer toute la vie,
Je ne vois rien, &c.


Ah ! que j'aime un Festin,
Où le Jus de la Treille,
Des levres de Catin,
A la couleur vermeille.
Je ne vois rien, &c.

Amis, voyez ce tein :
Rien n'est plus agreable.
Mais, celui de Catin
Est encor préférable.
Je ne vois rien, &c.

## CHANSONNETTE.

Si j'en veux croire son Mari,
Pour chaffer l'humeur noire,
Il ne faut avoir de fouci,
Que celui de bien boire.
L'Amour, dit-il, eft un poifon,
Qui fouvent trouble la raifon.

Y 4

Que

Que conclurre de ces discours?
Dis, sevère Sagesse.
Je t'entens : Nous sommes des sourds,
A qui tu dis sans cesse,
Que l'un & l'autre est un poison,
Qui souvent trouble la raison.

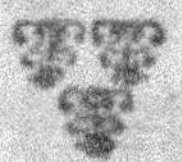

## L'HEUREUSE IGNORANCE.

se ac-cou-cha. Le Ma-nan
auf-fi-tôt par fes doigts cal-cu-
la- - - - Si dix neuf
mois la fomme é-toit com-plet-
te: Et tou-jours il fe mé-comp-
ta: ta. Un Bour-geois
de Pa-ris, E-poux mé-lan-co-
li-que, Eut bien mau-dit fa

Fem-

Femme, & ju - ré doc - te - ment.

L'heu- reux Lu - cas s'é - cri-

a seu - le - ment, Mor - gué, je

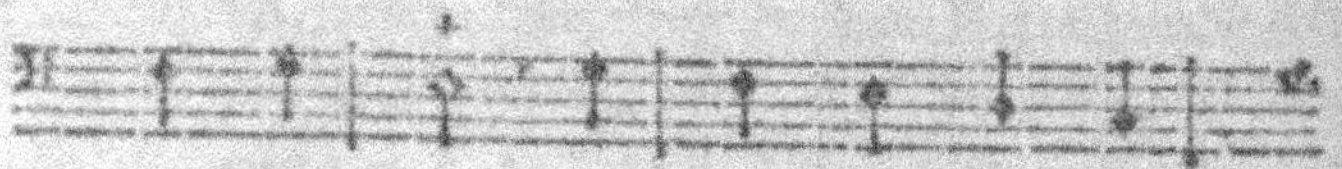
vou drois bian sa - voir l'A- rus- me-

ti - que.     que.

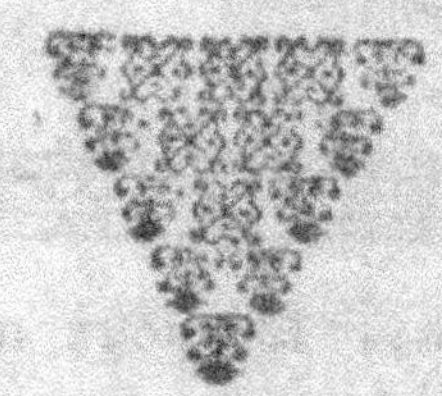

FAN.

## FANFARE.

Puis-

Puisque nous sommes seuls à danser sur l'herbette,
N'oublions pas, Philis, les jeux les plus badins :
 Quitte là ta houlette,
 Permèts que sur ton sein,
 Pour un moment je mette
   La main.


Non, je ne puis, Tircis. N'en sais-tu pas la cause ?
Ces jeux ne sont jamais sans crainte & sans chagrin.
 Aujourd'hui si tu pose
 Ta main dessus mon sein,
 Tu voudras autre chose
   Demain.

Un petit Medecin, d'humeur assez bizarre,
Me défendoit le Vin sans aucune raison ;
 Mais, sur l'Air de Fanfare,
 Soudain je lui répons,
 Vraiment voire, tarare
   Ponpon.

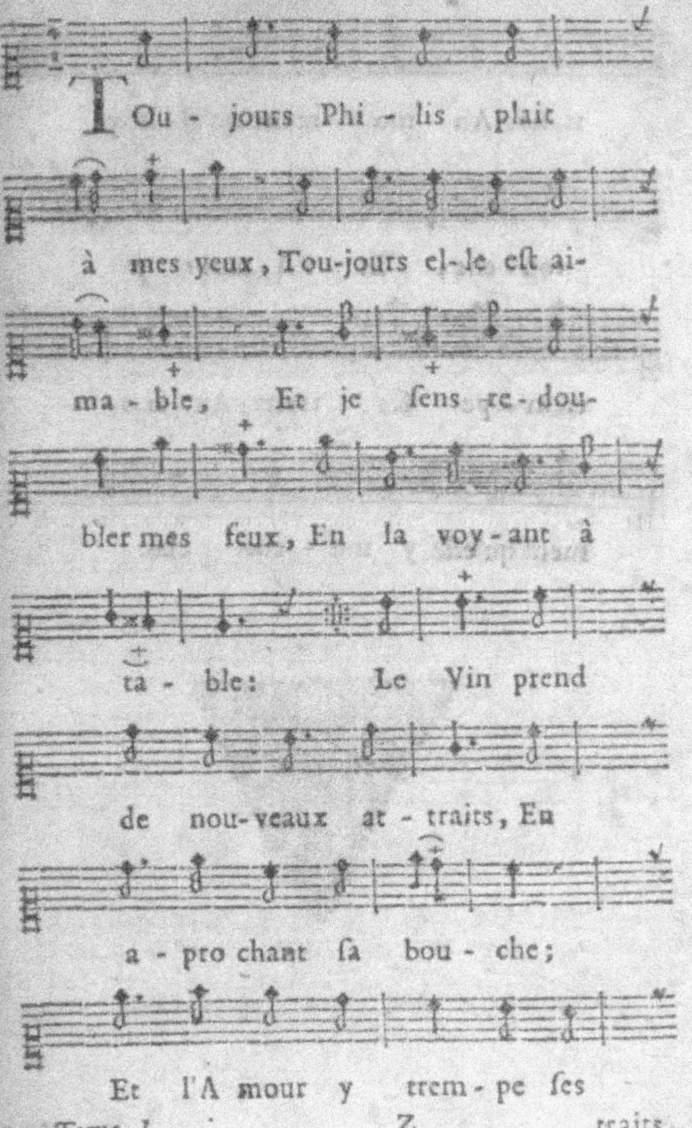

Tou - jours Phi - lis plait

à mes yeux, Tou-jours el-le est ai -

ma - ble, Et je fens re-dou-

bler mes feux, En la voy-ant à

ta - ble: Le Vin prend

de nou-veaux at - traits, En

a - pro chant fa bou - che;

Et l'A mour y trem-pe fes

traits,

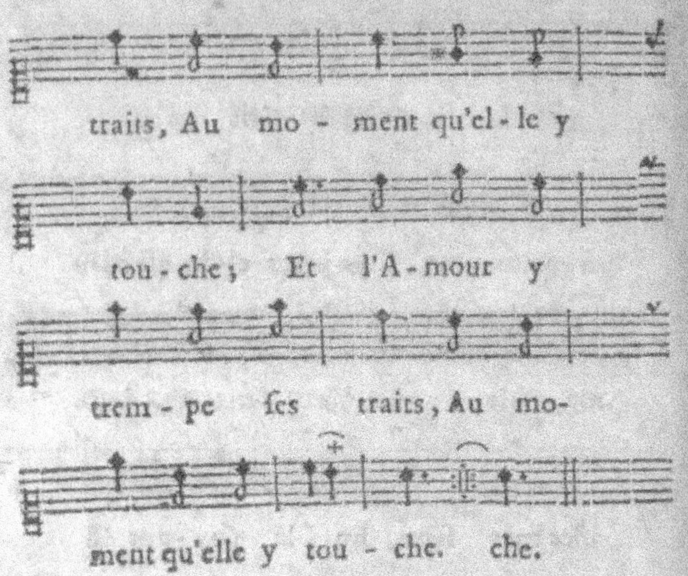

traits, Au mo - ment qu'el - le y
tou - che; Et l'A - mour y
trem - pe ses traits, Au mo -
ment qu'elle y tou - che.    che.


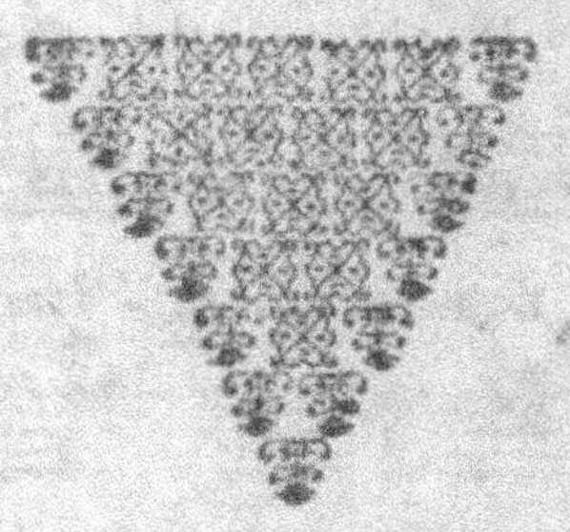

J'En - tends u - ne voix
qui m'a - pel - le Du saint Val-
lon. M'inf - pi - re - tu Chan-
fon nou - vel - le, Cher A - pol-
lon? J'ai trop long - tems per-
du ma pei - ne, Chan - tant Ve-
Refrain.
nus: Je ne veux plus u-

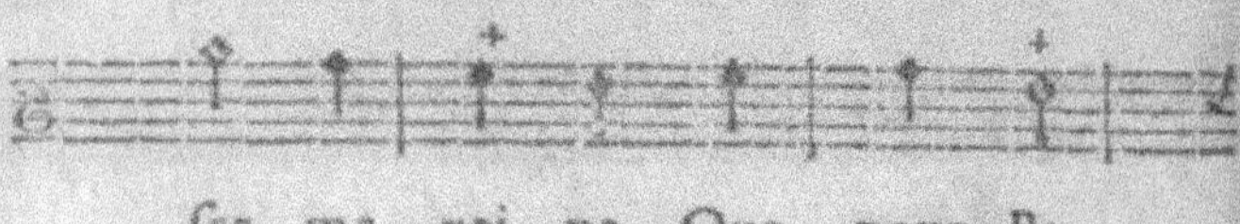


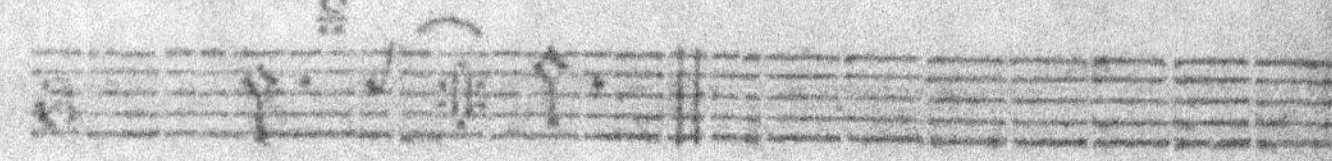


Plus de Blonde, plus de Brunette,
   Car j'en suis las.
J'ai trop chanté, sur ma Musette,
   Leurs vains appas.
Leurs caprices, leur jalousie,
   M'ont rebuté:
Je veux laisser couler ma vie
   En liberté.

Je te serai toujours fidelle,
   Grand Dieu du Vin;
Mais, sauve-moi de la Prunelle
   De ma Catin.
Quand je la vois mon cœur murmure
   A chaque instant,
Je suis reveur, je suis parjure,
   Je suis Amant.

AIR

## AIR SERIEUX.

Tendrement.
Toi, qui for-mes les plus beaux
nœuds, Vo- - -
- - - le, A-mour,
vien me ren-dre heu-reux;
Vo- - - - le, A-
mour, vien me ren-dre heu-
Fin.
reux. Pour tou-cher l'Ob-

jèr que j'a - do - re, Pein

lui mes tour - mens a - mou-

reux; Pour al - lu - mer de ten - dres

feux, Pren de ce - lui qui me de-

vo - re, Toi, qui, &c.

2. Fin.

reux. Que l'in - sen - si - ble tou-te en

fla - me, Te sen - te cu-

fin

fin vic-to-ri-eux. Ne t'ar-rê-te

plus dans ses yeux; O-se pé-né-

trer dans son a - me.

Toi, qui for-mes - - les

plus beaux nœuds, Vo- - -

- - - - le, vien,

vien, me ren-dre heu-reux:

Vo-
le, vien, vien, me rendre heureux; Vien, vien, me    ren-dre heureux.

## MENUET.

Con - ser - ve à mon A-

mant

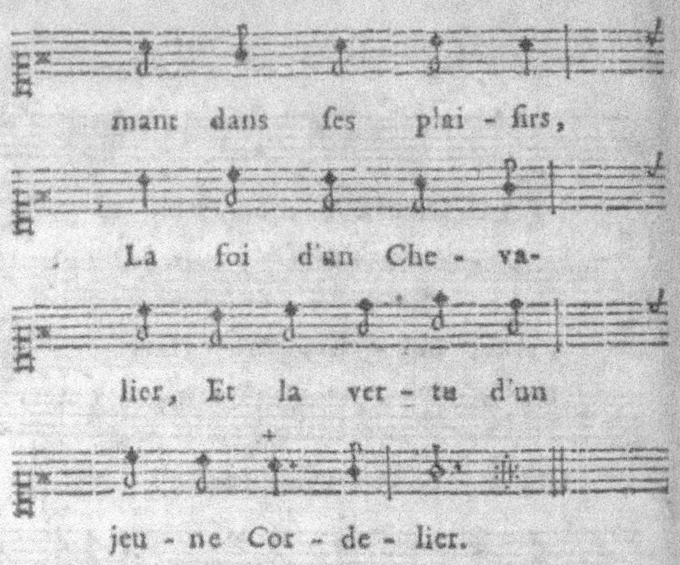


Au bon vieux tems,
Les Amans
Étoient des Chevaliers preux & francs,
Et les sermens
De leur cœur étoient les garants :
Mais on n'exige plus présentement
De si fortes preuves d'attachement ;
On les laisse changer,
Pour avoir le plaisir de se vanger.

PAS-

## PASTORALE.

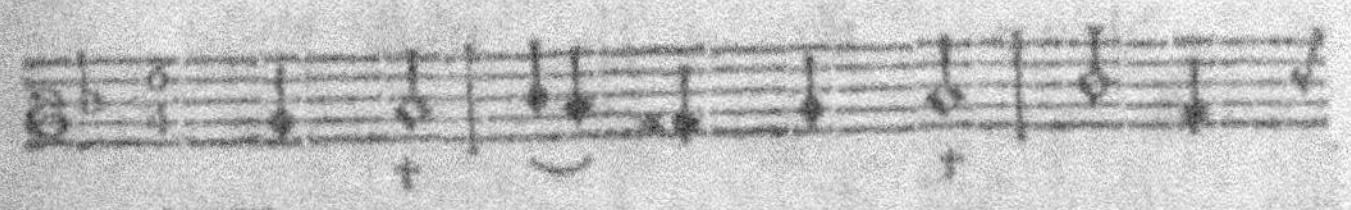


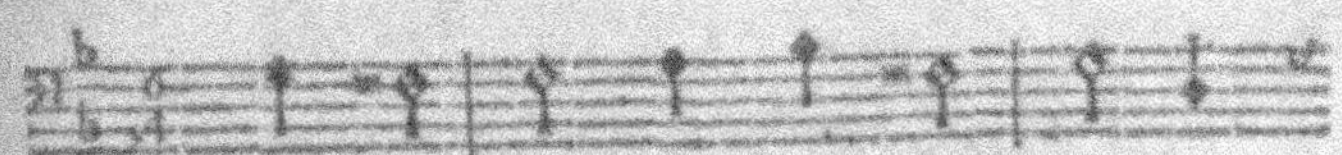


Dans le    fond de ce Val-lon,
Un jour   chan-toit fur   ce  ton:

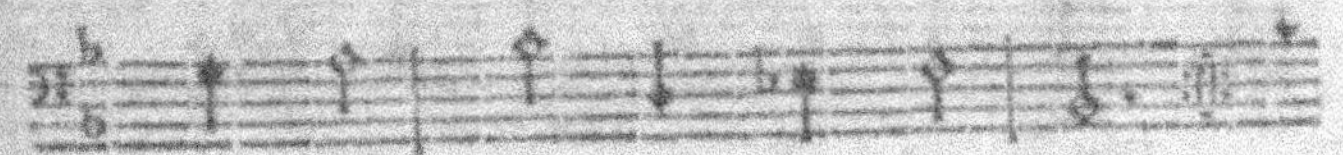


Non,

Refrain.

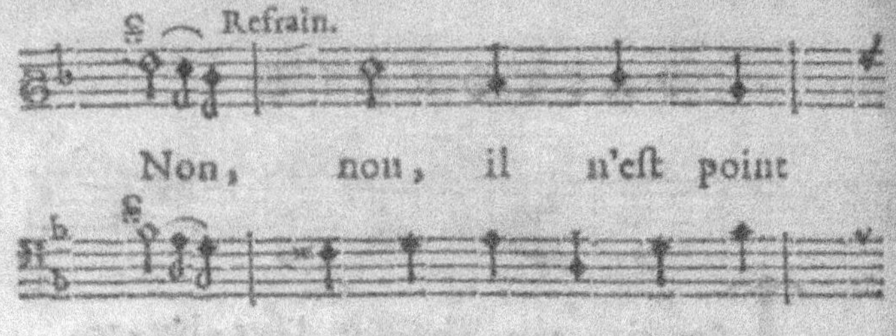

Non, non, il n'eſt point
Non, non,non,non, il n'eſt point

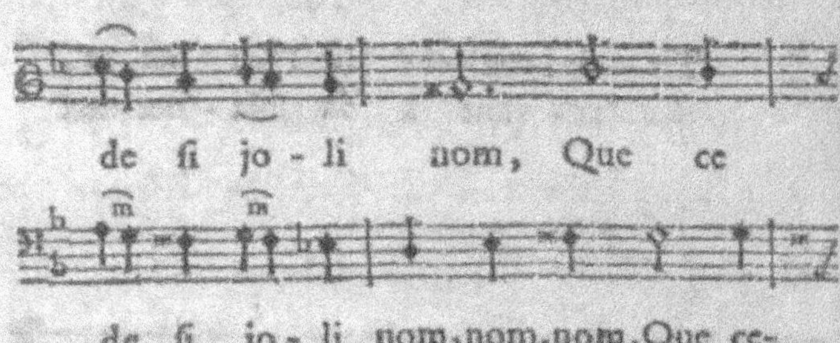

de ſi jo - li nom, Que ce
de ſi jo - li nom,nom,nom,Que ce-

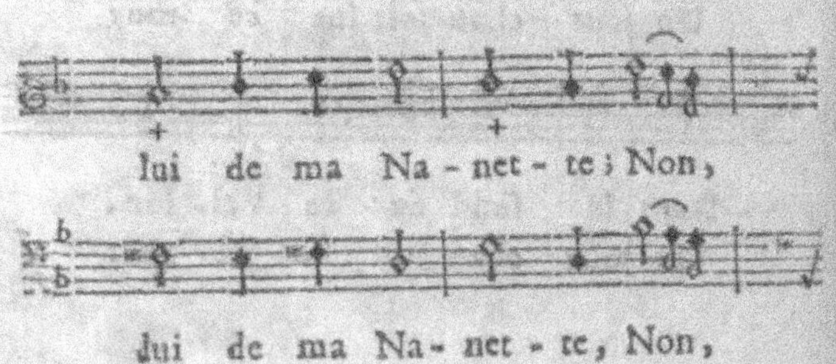

lui de ma Na - net - te; Non,
lui de ma Na - net - te, Non,

non,

non, il n'est point de si

non, non, non, il n'est point de si

jo - li nom, Que ce-

jo - li nom, nom, nom, nom, Que ce-

lui de ma Na - non.

lui de ma Na - non.

Je veux dessus ma Musette
Le chanter incessamment,
Je veux dessus ma houlette
Le graver profondement :
Non, non, &c.


Elle est belle, elle est bien-faite,
Elle est droite, comme un jon :
Elle sent la violette,
Est plus douce qu'un Mouton :
Non, non, &c.


Elle est d'une humeur folette,
Et chante comme un Pinson ;
Mais, tout ce que je souhaite,
C'est de célébrer son nom :
Non, non, &c.


Non, celui de Celimeine
N'a point un si beau renom ;
Il rime avec inhumaine,
N'a point de si joli son :
Non, non, &c.

Dans cette heureuse retraite,
Chantons, chantons-le toujours;
Que l'Echo charmé repete
Le beau nom de mes Amours:
Non, non, &c.

Que l'Histoire & la Gazette,
Célébrent les grands Renoms:
Les Bergers en Amourette
N'aiment que les petits noms:
Non, non, &c.

Pour prix d'une ardeur parfaite,
Je demande pour tout bien,
Qu'un jour elle me permette
D'unir son chifre avec le mien:
Non, non, &c.

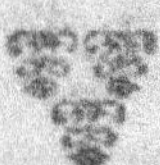

## COUPLETS BACHIQUES.

Mes chers Amis, Bachus gronde,
Et se fache avec raison,
D'entendre à table, à la ronde,
Repeter cette Chanson:

A a 2

Non,

Non, non, il n'est point de si joli nom,
Que celui de ma Nanette ;
Non, non, il n'est point de si joli nom,
Que celui de ma Nanon.

Quoi ! dit-il, quand il faut boire,
Enfans, est-il de saison
De ne chanter que la gloire
De Nanette & de son nom !
Non, non, il n'est point de si joli nom,
Que Champagne & que Tonnerre,
Non, non, il n'est point de si joli nom ;
Que Champagne & Bourguignon.

Quitons la tendre Musette,
Les Flutes, & les Bassons ;
Et laissons cette Amusette
A Venus, & ses Mignons.
Non, non, il n'est point de si joli son,
Que le tin, tin, tin des verres ;
Non, non, il n'est point de si joli son ;
Que le glouglou du flacon.

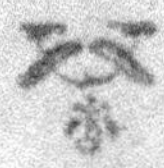

## TENDRESSE BACHIQUE.

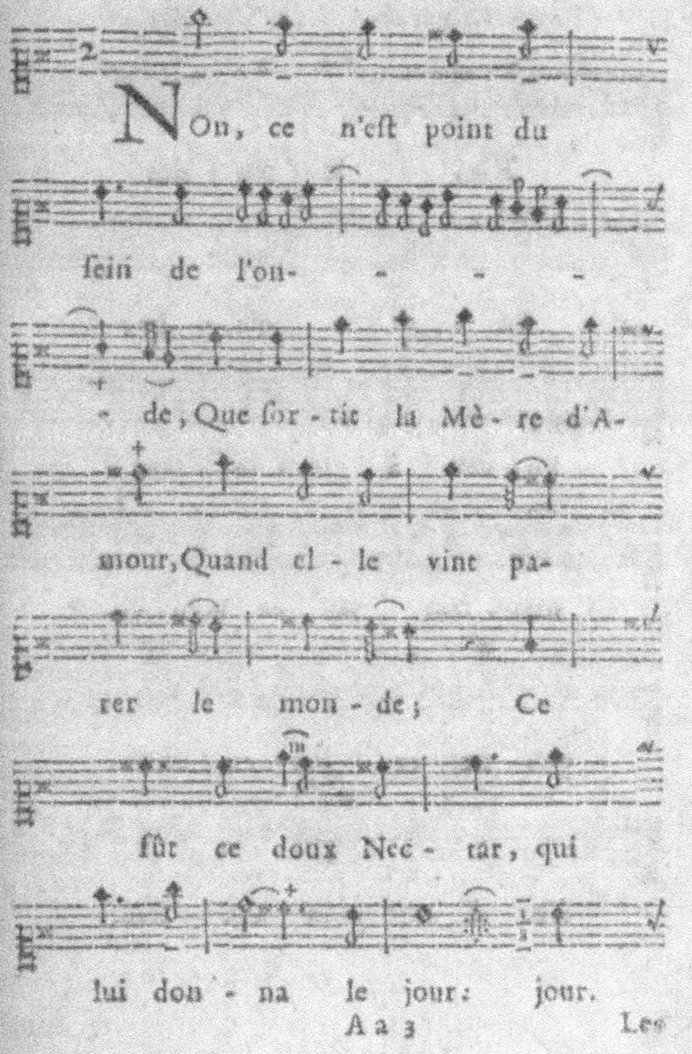

Les Gra - ces & les
Ris, le ten - dre
Ba - di - na - ge,
En - cor à tous inf - tans
naif - fent de ce breu - vage; Et ce Jus en - chan-
teur à nos yeux con - fon-
dus,

dus, De tou - tes nos Phi-
lis fait en - cor des Ve-
nus, De tou - tes nos Philis fait en - cor des Ve-

nus.        nus.

BOn Vin, Li-queur ad - mi -
ra - ble, Lorf-qu'à ta - ble, Tu re -
pans ton o - deur ai - ma - ble,
Des Dieux le Nec - tar moins po -
ta - ble N'eft que Fa - ble ; Tu fais
no tre heu reux def - tin. Vi -
ve le Ba - chique Em pi - re :
Il n'inf - pi - re, Que de
ba-

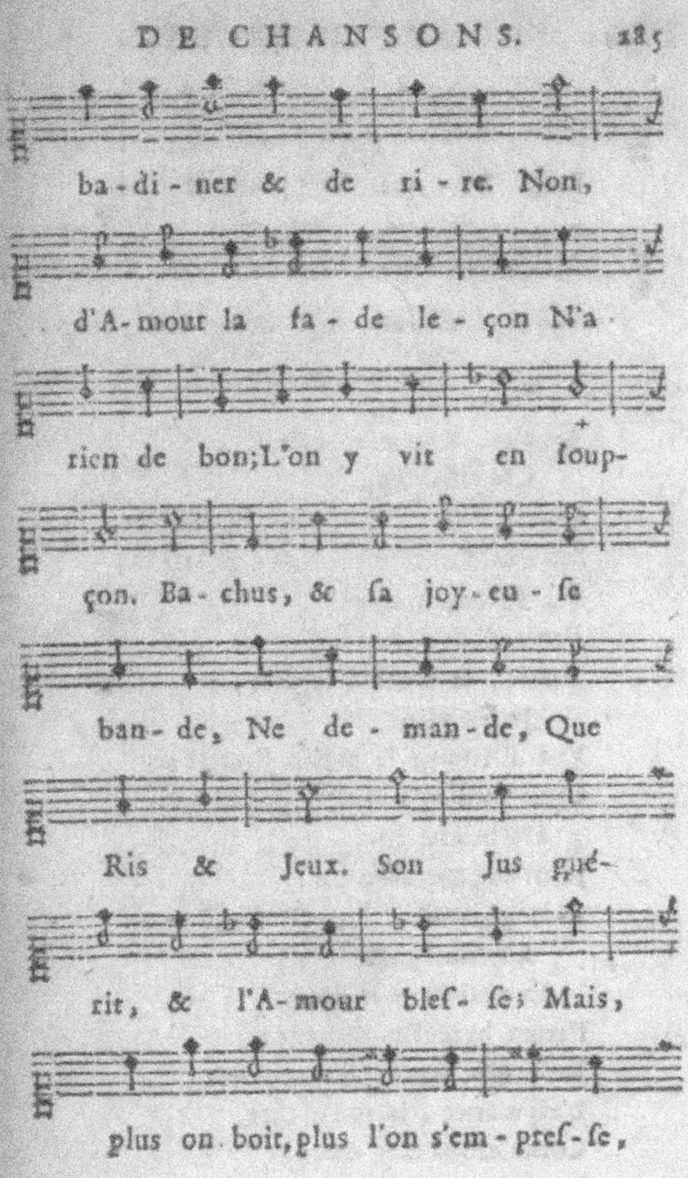
ba - di - ner & de ri - re. Non,
d'A - mour la fa - de le - çon N'a
rien de bon; L'on y vit en foup-
çon, Ba - chus, & fa joy - eu - fe
ban - de, Ne de - man - de, Que
Ris & Jeux. Son Jus gué-
rit, & l'A - mour blef - fe; Mais,
plus on boir, plus l'on s'em - pref - fe,

Pens

Tes traits,
Amour, ſont aimables,
Cheriſſables.
Cruelle erreur, de traiter de Fables,
Les douceurs de tes Loix durables,
Vives, ſtables!
J'en reſſens tous les attraits.
Tircis, je n'oſois le dire,
Je ſoupire.
Voi d'Amour le malin ſourire;
Croi qu'il m'a rangé ſous ta Loi.
De bonne foi,
Je m'engage avec toi:
Mes yeux t'en donnent l'aſſurance.
La conſtance
Entretient nos feux.
Partez avec l'indiférence,
Reſtes de fierté, d'innocence:
L'eſperance, la joüiſſance,
Combleront nos vœux.

Ve-

Venus,
Me trouvant sans boire,
L'humeur noire,
De Cloris, m'ofroit la Victoire;
Quand j'aperçus de loin Grégoire,
Dans sa gloire,
Sur un muids comme Bachus.
Si-tôt d'une voix tonnante,
Je lui chante,
Fi des beautez que l'on nous vante!
Dieux! les regards des plus beaux yeux
Ont moins de feux,
Que ce Jus précieux
Amour, tu n'ofres que des chaines:
Trop de peines
Suivent ta Cour;
Mais, Grégoire avec sa Bouteille
S'endort content & se reveille,
Toujours prêt à faire merveille
La nuit & le jour.

LE

## LE TIRE-BOUCHON.

### *DUO.*

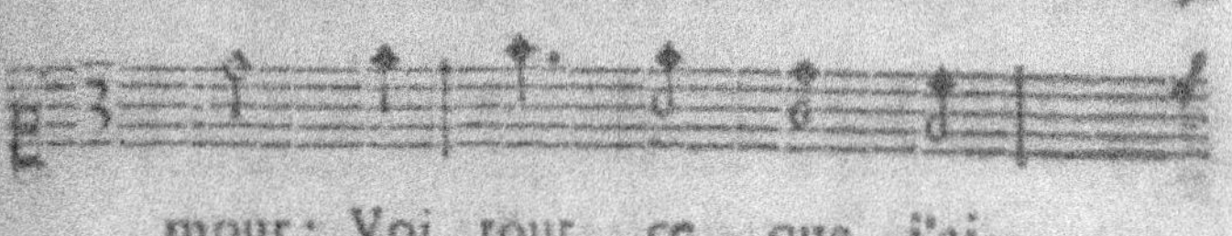

mour: Voi tout ce que j'ai

mour: Voi tout ce que j'ai

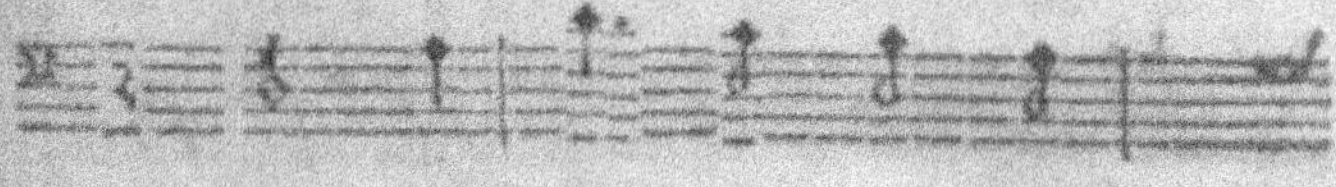

fait, pour te fai - re ma

fait, pour te fai - re ma,

Cour:          Cour,          J'ai quit-

Cour.          Cour.          J'ai quit-

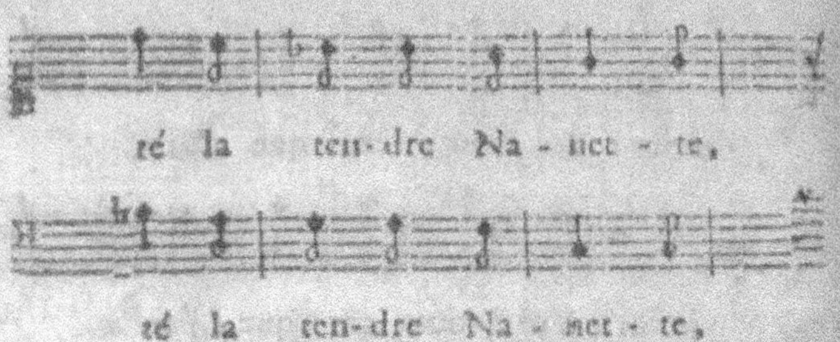
ré la pten-dre Na - net - te,
té la pten-dre Na - net - te,

J'ai bru - lé ce ma - tin les Let-
J'ai bru - lé ce ma - tin les Let-

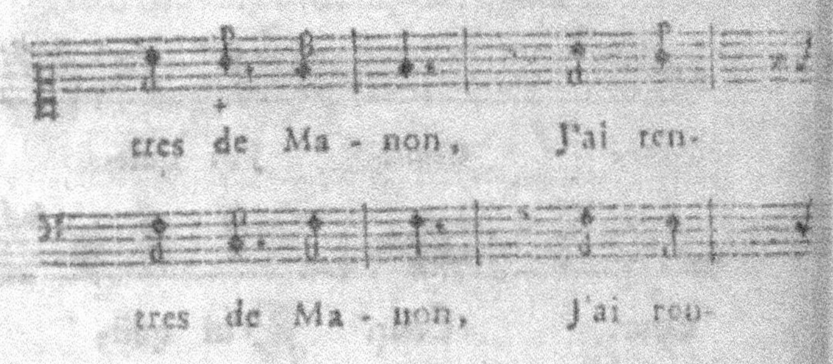
tres de Ma - non, J'ai ten-
tres de Ma - non, J'ai rou-

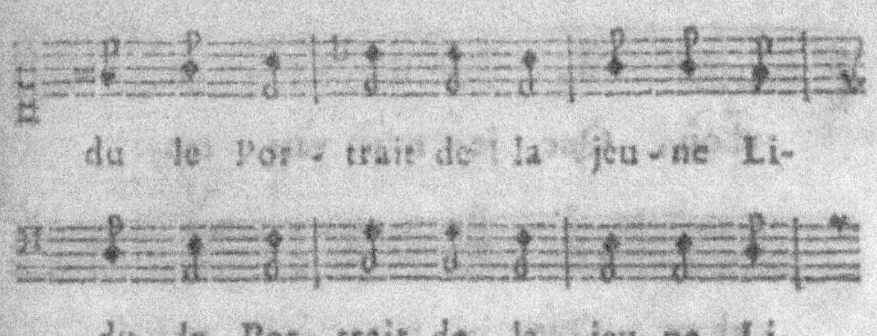
du le Por - trait de la jeu - ne Li-
du le Por - trait de la jeu - ne Li-

set - te: Il ne me ref - se
set - te: Il ne me ref - se

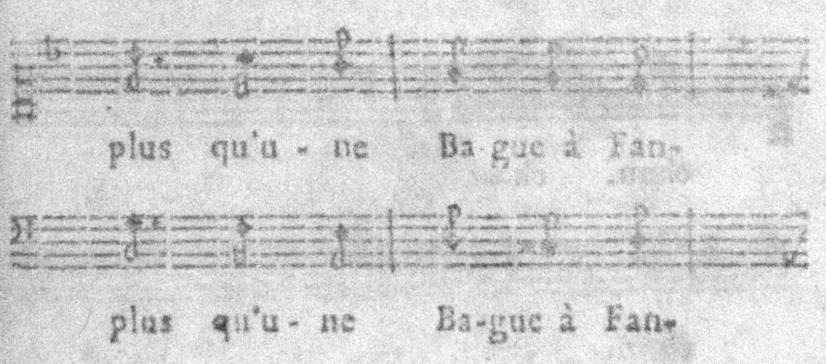
plus qu'u - ne Ba-gue à Fan-
plus qu'u - ne Ba-gue à Fan-

chon,

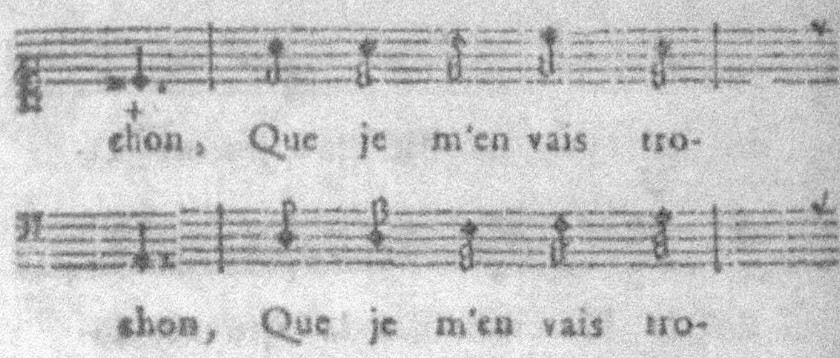
chon, Que je m'en vais tro-
chon, Que je m'en vais tro-

quer con-tre un Ti - re - Bou-
quer con-tre un Ti - re - Bou-

chon.    chon.
chon.    chon.

G L

## GIGUE.

B b 3            roient

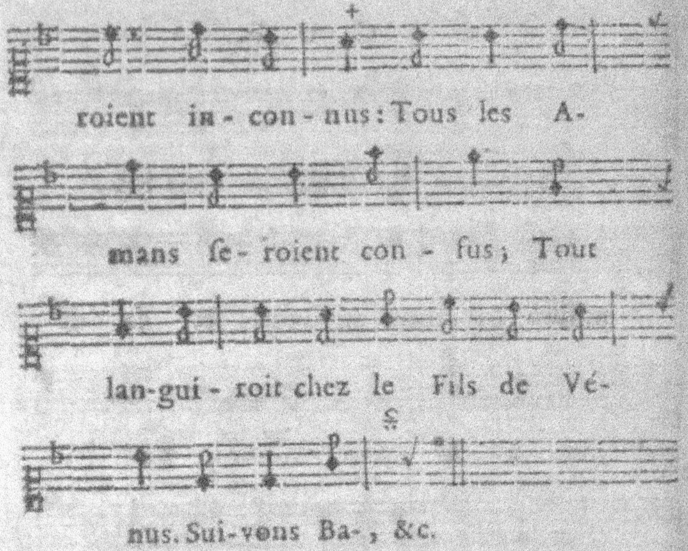


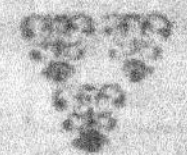

Les Dieux du Vin & des Amours,
Unis ensemble dans nos plus beaux jours,
Les Dieux du Vin & des Amours
Tous deux se prêtent d'utiles secours.

A table verroir-on les Ris,
Sans les beaux yeux de la belle Cloris ?
Et, sans le feu de ce Vin gris,
Amans, vous ne seriez guere attendris.

Le

Les Dieux du Vin & des Amours,
Uais ensemble font nos plus beaux jours,
Les Dieux du Vin & des Amours
Tous deux se prêtent d'utiles secours.

Chassons d'ici le triste ennui;
Chassons, Amis, le chagrin, le souci:
Chassons d'ici le triste ennui,
Le froid Buveur, & l'Amoureux transi.

Disons tout ce que nous pensons;
Triquons, chantons, & nous rejouissons;
Au son bruyant de nos Chansons,
Vuidons les verres & nous remplissons.

Chassons d'ici le triste ennui;
Chassons, Amis, le chagrin, le souci:
Chassons d'ici le triste ennui,
Le froid Buveur, & l'Amoureux transi.

## RECIT DE BASSE.

suis, Lorf-que le Vin dif-fi-
pe mes en-nuis, Et que je ca-
ref-
-se Sil-vi-
e. e.

Aſſis

As - sis au bord d'u-
Les yeux at - ta - chez

ne fon - tai ne, Le jeu - ne
sur Cli - mei - ne, L'en-tre - te-

Tir - cis l'au - tre jour:
noit de son A - mour.

Non, lui dit - el - le d'un air

ten - dre, Tous tes re - gards sont
Refrain.

su - per - flus: Pour me for - cer

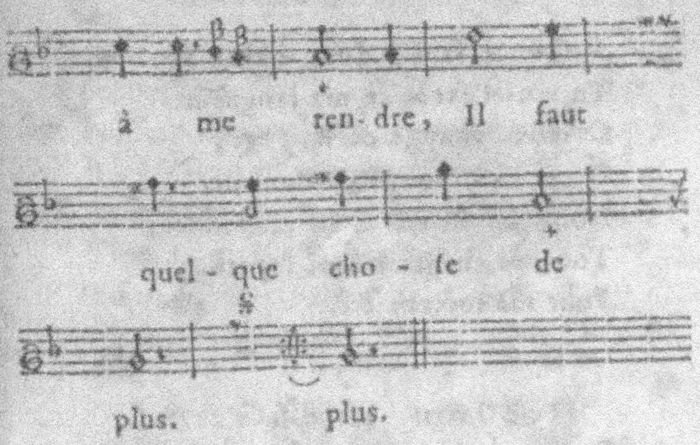


Il lui difoit, chère Climène,
Rien n'eft égal à mon ardeur ;
Et l'Amour lui-même auroit peine
A t'ofrir un plus tendre cœur.
Non, lui dit-elle d'un air tendre,
Tous tes difcours font fuperflus ;
Pour me forcer, &c.


Chère Climene, je le jure,
Tircis toujours t'adorera :
Avant qu'il change, la Nature,
Le Ciel lui même perira.
Non, lui dit elle d'un air tendre,
Tous tes fermens font fuperflus :
Pour me forcer, &c.

Que

Que te faut-il donc d'avantage ?
Tu vois l'excès de ma langueur.
Cruelle, change de langage,
Ou je vais mourir de douleur.
Non, lui dit-elle d'un air tendre,
Tous tes chagrins sont superflus :
Pour me forcer, &c.


N'est-il rien, qui te fasse envie ?
Pren tout ce qui depend de moi :
Je donnerois jusqu'à ma vie ;
Je n'ai rien qui ne soit à toi.
Non, lui dit-elle d'un air tendre,
Tous tes présens sont superflus,
Pour me forcer, &c.


Du plus, qu'entendoit la Bergère,
Tircis, se doutant à la fin,
Crut débrouïller tout ce mistère,
Ou sur sa bouche, ou sur son sein,
Non, lui dit-elle d'un air tendre,
Tous tes baisers sont superflus :
Pour me forcer, &c.

Tir-

Tircis, qu'un tel reproche enchante,
Profite enfin de la Leçon ;
Et, pour repondre à son attente,
Il s'y prend d'un autre façon ;
Ah ! lui dit-elle d'un air tendre,
Tous autres soins sont superflus :
Tu me forces à me rendre,
Je ne demande rien de plus.

## MUSETTE.

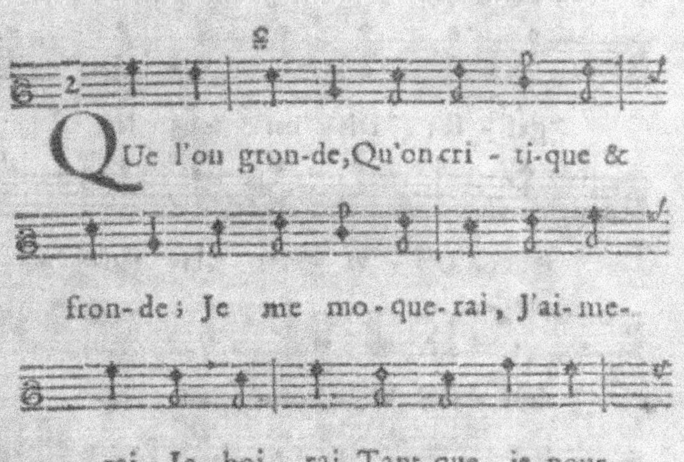

rai ; Que l'on grou - de, Qu'on cri - tique &
fron - de, Je m'en mo - que -
rai, J'ai - me - rai, Je boi -
rai, tant que je vi - vrai. C'est sa -
gef - fe, Dit - on tous les
jours, D'é - vi - ter la ten -
dref - fe ; Mais, tout au re -
bours, N'eft - ce pas fot - ti - fe ou foi -

blesse

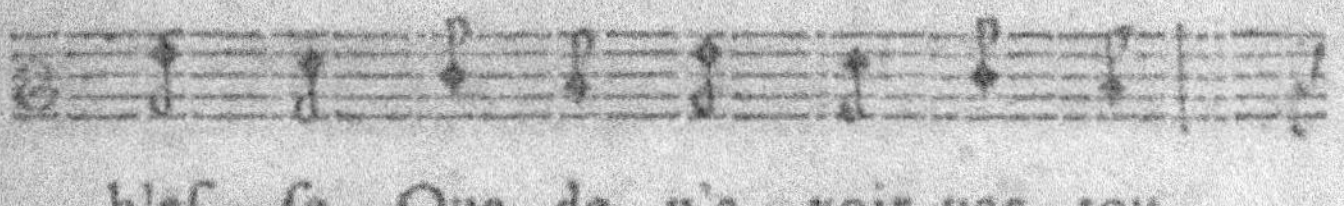


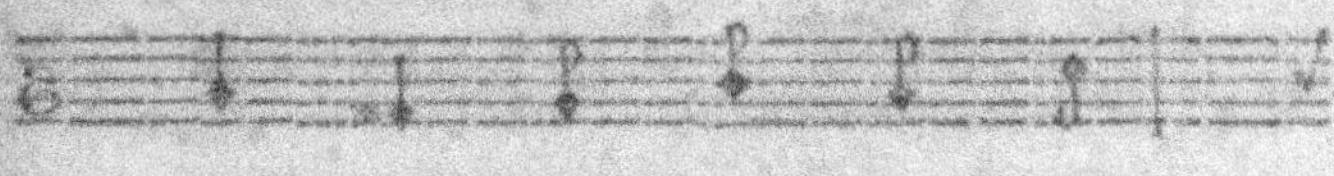


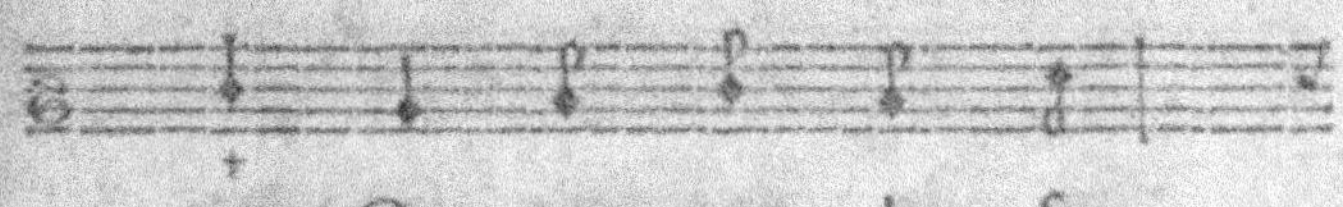

2. Fin.

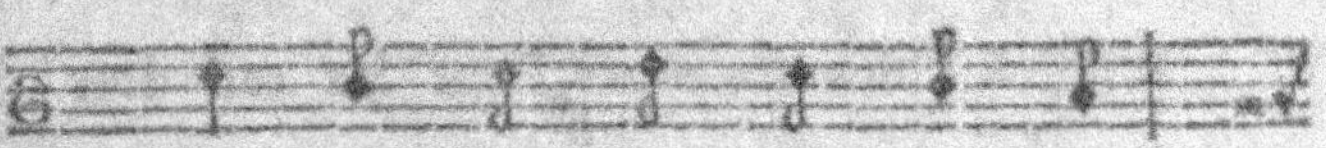


veurs, Que nous pro - mèt la for-

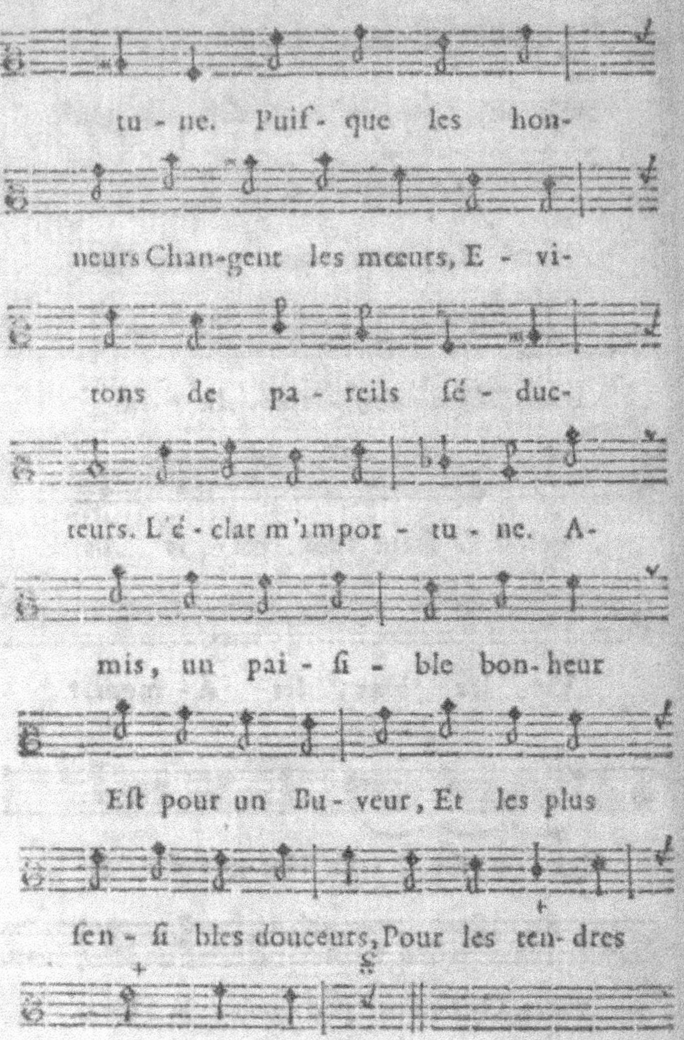


cœurs. Que l'on, &c.

## LES GRIS-VETUS.

Cc 3                 rières?

riè - res: Dans leurs re - pas, Vingt Bou-

teil - les en - tiè - res, Dif - pa - roi-

troient, & ne fuf - fi - roient

pas. Ce font les fa - vo - ris des

Bel - les, Il n'eft point pour eux

de cru - el - les, A leur nom

feul, Ils font cou - rus. Des Gris-Vê-

tus, Chan - tons la gloi - re,

Chan-

Chantons leurs ver-tus: Ce sont vrais
En-fans de Ba-chus, Qui sont
tou-jours prêts à boi-re;
Ce sont de Ba-chus, Mi-gnons connus, Qui pour cinq ou six coups de
plus ja-mais ne pa-roiss-sent a-ba-
tus. Des Gris-Vê-tus Chan-tons la
gloi- - -re & les ver-tus.

Du Dieu Bachus
Chantons la gloire,
Celebrons le jus
Qu'il nous fait boire,
Et rendons honneur
A ce Vainqueur :
Cette Liqueur,
Par sa douceur,
De notre cœur
Sait bannir l'humeur noire ;
L'Amant Buveur
Sait gagner la victoire,
Ou de son Iris brave la rigueur.
Les Buveurs sont toujours à table,
Souvent près d'un objet aimable ;
Tous les plaisirs sont faits pour eux.
Qu'on est heureux,
Quand on sait boire !
Amans, buvez tous,
Pour chasser vos soupçons jaloux,
Bien loin de votre memoire,
Amans, buvez tous,
Comme des trous :
Tout sera sans dessus dessous.

Vos

Vos Belles viendront se rendre à vous.
Si vous ne voulez pas le croire,
Accourez boire avec nous.

*Fin pour le second Couplet.*

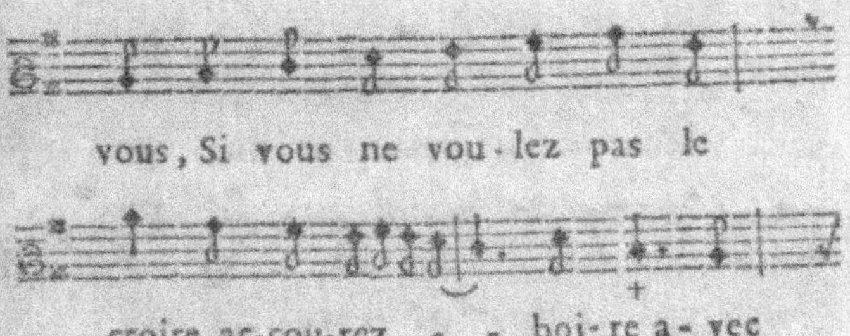


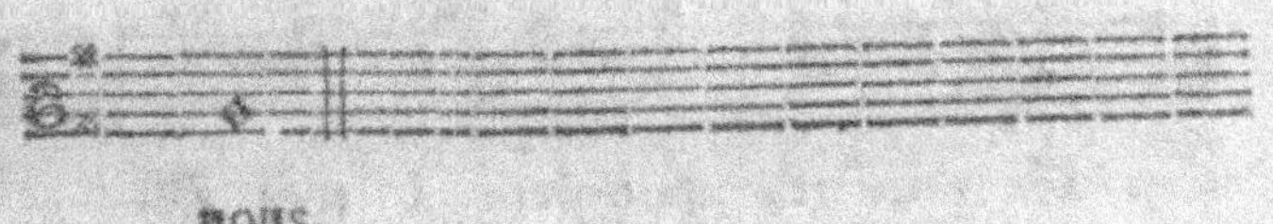


nous.

## CHANSONNETTE.

Pour dif - fi - per u - ne
crainte in-qui - è - te, Sur ces gazons, dai - gne join-dre nos cœurs,
Et laif - fe - moi le foin du
ref - te.

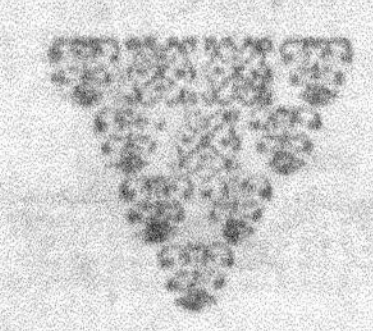

## RECIT DE BASSE.

moin au - jour - d'hui du ferment que je fais: l'en ju - re, j'en
ju - re, Tu peux m'en croi-
re, J'en ju - re, J'en ju - re,
Tu peux m'en croi - re; Non
non, non, non, quand je de-
vrois en ê - tre aux a-
bois, Non je ne veux plus ja-mais

boi - re; Non, non quand je de-

vrois en ê-tre aux a - bois, Non, non

non, non, non, non, je ne veux

plus, Non, non, non, je ne veux

plus ja - mais boi - re, Non,

non, non, non, non, je ne veux

plus ja - mais boi - re, Qu'un

coup à la fois. fois.

PA-

## PARODIE.

Flam- beau du jour, Pour bra-
ver ton ar-deur bru-lan-te, Ma cave est un heu reux sé - jour,
Là tout en - chan-te: Dans ce reduit, Sans foin, fans bruit, J'at-tens la
nuit.    Que tar - dez-vous, Mes chers A-
mis? Ac-cou-rez - y    tous par-

ta - ger des plai - firs fi doux.
Le Vin y cou - -
- - - - le pur &
frais, Tou-jours foif, tou-jours nou-veaux
mèts: Tout in - vi - te, Tout ex-
ci - te, Tout y fait boi-re à longs
traits. traits.

Dieu

Dieu des Amours,
C'est en vain que pour me surprendre,
Tu te sers de mille détours.
Peux-tu prétendre,
Que tes attraits
Pourront m'enchaîner pour jamais?
Le Dieu du Vin,
Par son Nectar charmant & divin,
M'assure un plus heureux destin.
Le doux murmure de son jus
Me garentit de tes abus.
Que tout vante,
Que tout chante,
Les doux charmes de Bachus.

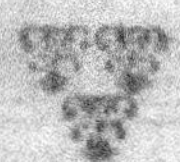

Grand Dieu du Vin,
Cher Bachus, soi moi favorable,
Je t'implore le verre en main:
Rens plus traitable,
La jeune Iris,
On me gueris de ses mépris:

Que ta Liqueur,
La pénétrant d'une vive ardeur,
Fonde la glace de son cœur;
Dans son cœur coule doucement.
Qu'elle éprouve dans ce moment
Ton Empire:
Fai lui dire,
Qu'elle aime tendrement.

## CHANSONNETTE.

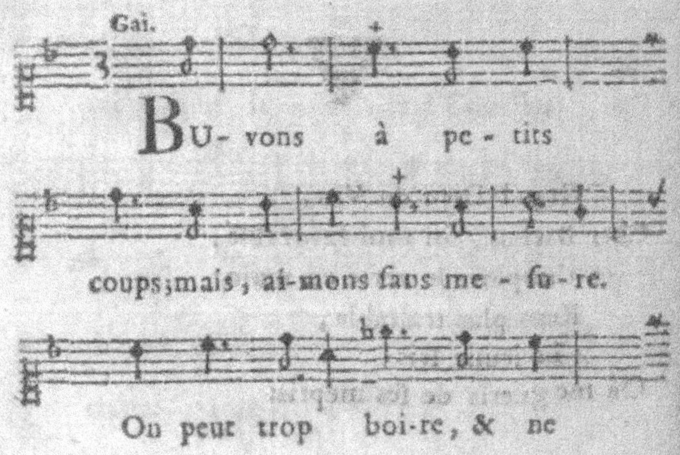

pas trop ai - mer: Rien ne
bor-ne, dans la Na-tu-re, L'A-
mour qui doit nous en - fla-
mer. mer. Un bon Bu-
veur ceſ - ſe de
boi-re, Un bon cœur doit aimer ſans fin: L'ex-

cès est la hon - te du
Vin ; Mais, de l'Amour il
est le plai - fir & la
gloi - re, re,

L'HOM-

## L'HOMME PRUDENT.

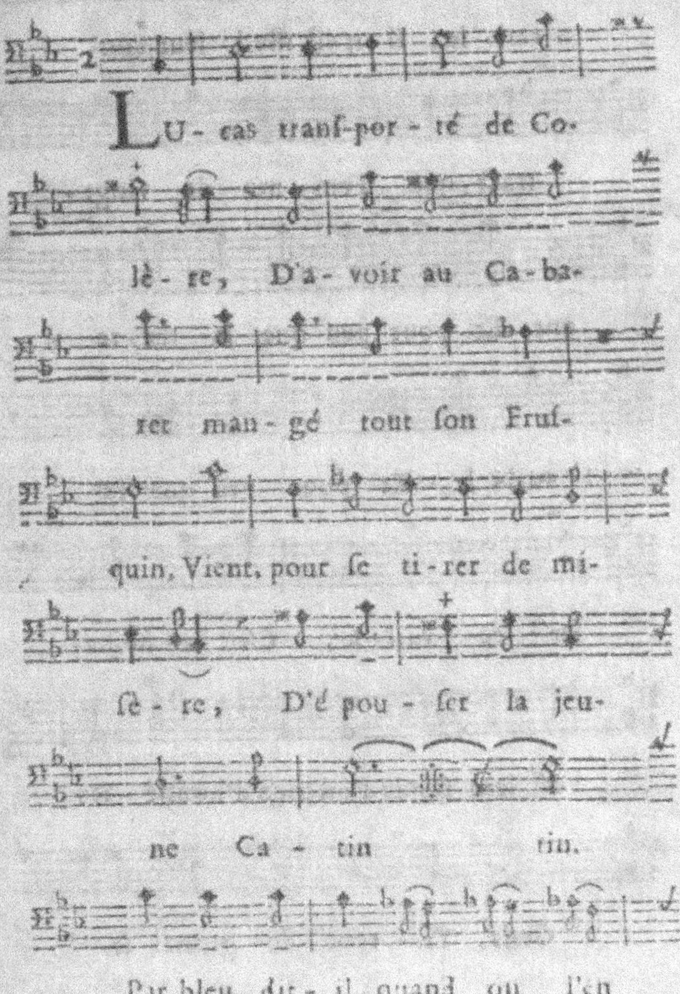


Par bleu, dit - il, quand on l'en

raiſ-

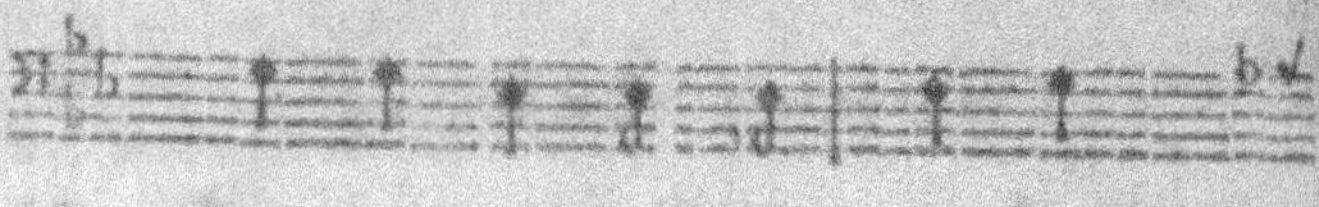
rail - le, Il n'eſt meil - leur con -

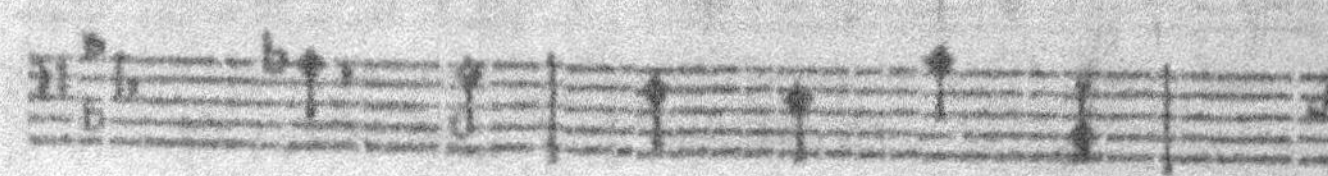
tract, que Fem - me de vingt

ans : Et pour peu que la ter - re

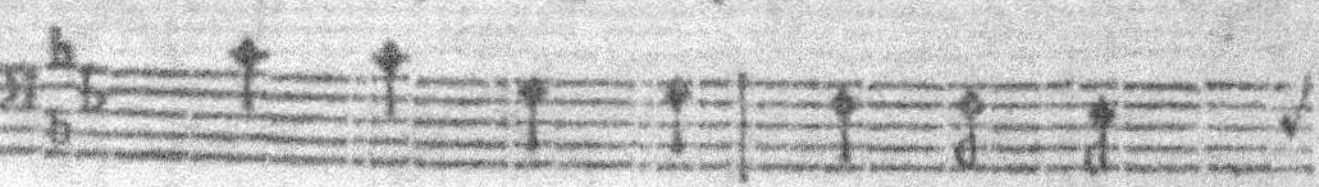
vail - le, Et pour peu que la

ter - re vail - le, C'eſt u - ne ex -

cel - lent fonds d'où bien d'honnê - tes

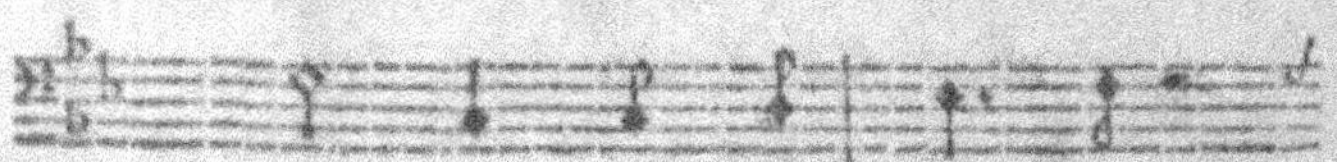
Gens, Ti - rent de grands ſe -

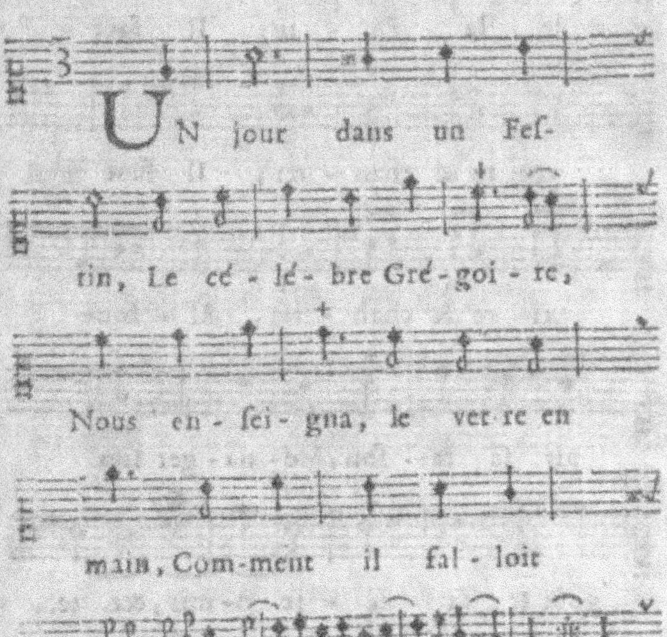
cours con - tre les mau-vais
tems. tems.
UN jour dans un Fes-
tin, Le cé - lé - bre Gré - goi - re,
Nous en - fei - gna, le ver-re en
main, Com-ment il fal - loit
boi - - - - re. re.
Amis,

A - mis, ce Jus n'est qu'un poi-
son, Si le plai - sir n'est
de la Fê - te: Il faut
ri - re & chan - ter, Il faut
ri - re & chan - ter, Af - fou-
pir sa rai - son, Mé - na - ger son
goût & sa tê - te. A - mis, &c. te.

Quand

Gracieusement.

## Couplèts sur l'Air de la Chanson
## page 267.

*J'entends une voix qui m'appelle, &c.*

Que vous me paroiſſez aimable,
    Le verre en main!
Chère Iris, demeurons à table
    Juſqu'à demain;
Si le petit Dieu de Cithère
    En eſt jaloux,
Bachus ſaura nous ſatisfaire.
    Qu'y perdrez-vous?

Ces fameux Héros de la Grece,
    Dans leurs Tournois,
Entreprenoient, pour leur Maitreſſe,
    De grands Exploits.
Je ſoutiens, malgré leurs prouëſſes,
    Qu'ils étoient fous.
Ils ſe battoient pour les Tigreſſes:
    Je bois pour vous.

Le Maitre des Dieux en tendreſſe
    Toujours nouveau,
Devenoit pour une Maitreſſe,
    Cigne, ou Taureau;

Pour

Pour surprendre Beauté Royale,
 Il fit l'Epoux ;
Hercule fila pour Omphale ;
 Je bois pour vous.

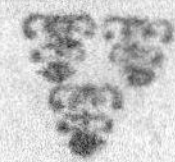

## LE ROSSIGNOL EN CAGE.

vit dans l'Ef - cla - va - ge,
Il per - dit son ten - dre ra -
ma - ge. Quel cha - grin, quel cha -
grin, pour la jeu - ne I - ris!
Un jour I -, &c. ris! Que te faut -
il, lui dit la Bel - le,
Pour t'en- tendre & goû - ter la dou -
ceur de tes Chants? Il me fau -

droit

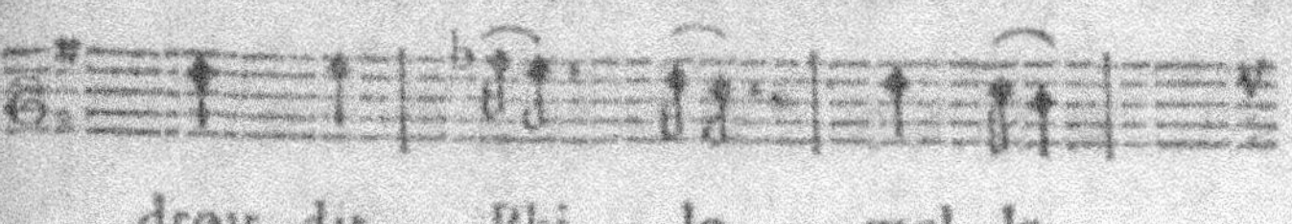

droit, dit Phi - lo - mel - le,

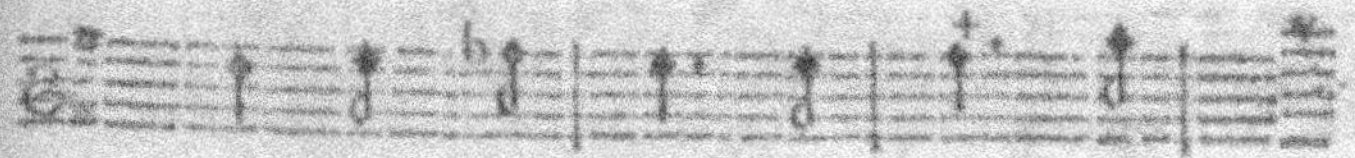

Il me fau - droit la clef des

Champs, Il me fau - droit la

clef des Champs. Champs.

CHAN-

## CHANSONNETTE.

ger; Un au-tre a su m'en-ga-

ger; C'est pour lui qu'i-ci je

fi - - - le. Un au-

tre a su m'en-ga - ger,

C'est pour lui qu'i-ci je

fi - - - le, Je

fi - le.

SOus les Loix de l'A - mour, Tout
n'eſt que ca - pri - ce. Nou-
vel - le in-juſ - ti - ce Signa - le cha - que jour Sa con-
ſtan - te ma - li - ce.
On s'aime, on ſe tra - hit, On
change, on per - ſé - vè - re,

On

On y plaît sans fruit, Sans rai-
son on y fait dé - plai - re,
Tout y va par dé - pit. En
voi - ci le mis - tè - re;
C'est qu'un a - veu-gle En-fant con-
duit tou - te l'a - fai - re.       re.

Que

Que d'un nœud char - mant, L'Hy -
men vous en - ga - ge, De -
meu - rez A - mant Dans
le Ma - ri - a - ge:
Si l'Hy men pour vous A
de du - res chai - nes, Qui
cau - se ses pei nes? C'est sou-vent l'E-
poux.

L'E-

L'Epoux prend plaisir
A se faire craindre;
Il n'a de desir,
Que de nous contraindre.
Par des soins plus doux,
L'Amant nous engage.
Qui fait la volage ?
C'est souvent l'Epoux.

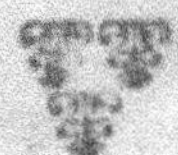

L'Epoux, dans ces nœuds,
N'a plus de tendresse;
Il se rend facheux,
Il gronde sans cesse.
L'Amant près de nous,
Conte la fleurette.
Qui fait la coquette ?
C'est souvent l'Epoux.

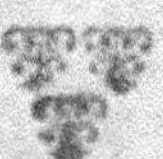

L'Epoux veut devoir
L'ardeur de notre ame
A son seul pouvoir,
Jamais à sa flame.

L'A-

L'Amant est pour nous
Soumis, plein de zèle.
Qui fait l'infidelle?
C'est souvent l'époux.

## AIR DE MOUVEMENT.

Ch-

en - ga - ger u - ne Co - quet-
te, Il ne faut point a - voir d'A-
mour, Pour en - ga - ger u-
ne Co-quet- te, Il ne faut point a-
voir d'A- mour. mour.


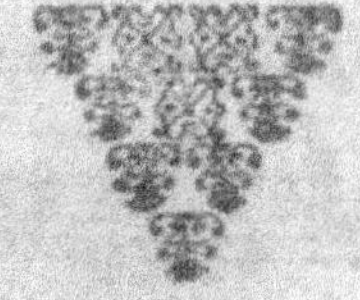

## MENUET.

PLus in - con - stant que l'On-
de & le Nu - a - ge, Le tems s'en-
fuit: Pour-quoi le re - gre - ter?
Mal - gré la pen - te vo - la - ge,
Qui le for-ce à nous quit - ter,
En fai-re u - fa - ge, C'est l'ar - rê-
ter. Gou-tons mil - le dou-
ceurs;

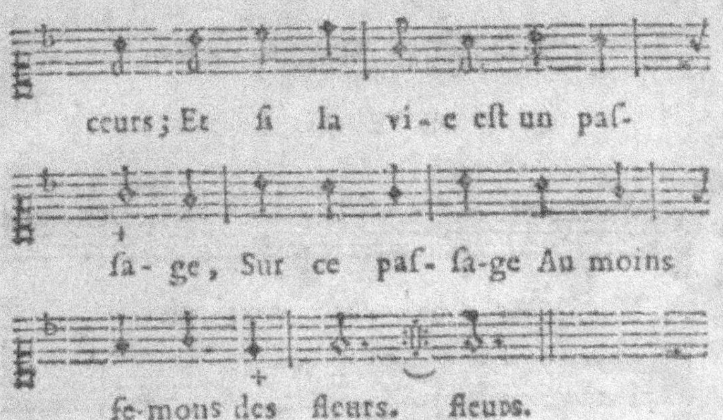


Pour moi Phœbus fe leve fans nuage :
  Content du fort, qu'aurois-je à regretter ?
   Quand par fa pente volage,
  Il eft prêt à me quitter,
  Bachus l'engage
   A s'arrêter.
  Pour comble de douceurs,
  Jeune Cloris eft mon partage ?
   Sur mon paffage,
   Ainfi naiffent les fleurs.

## RONDE DE TABLE.

### SEUL.

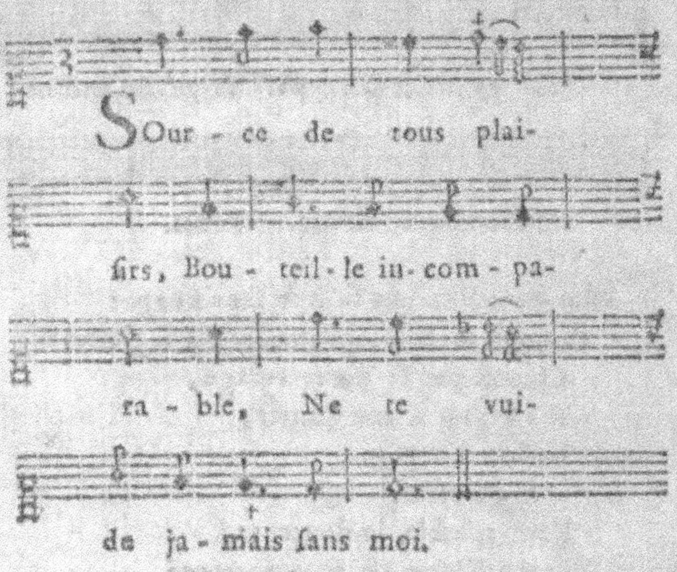


### CHOEUR.

teil-le in-com-pa - ra - ble,
teil-le in-com-pa - ra - ble,

Ne te vui - de ja-mais fans
Ne te vui - de ja-mais fans

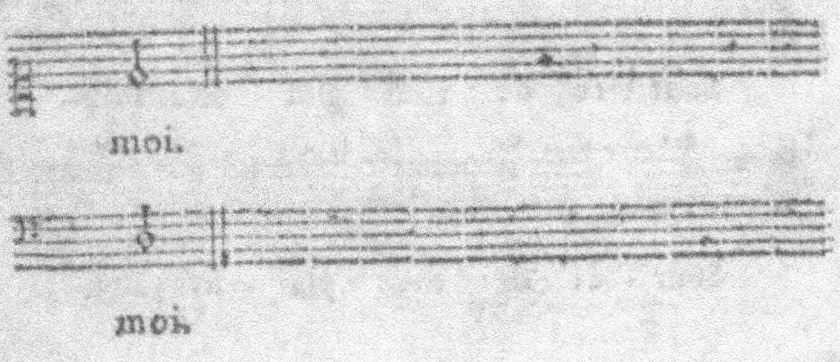
moi.
moi.

## SEUL.

## CHOEUR.

teille

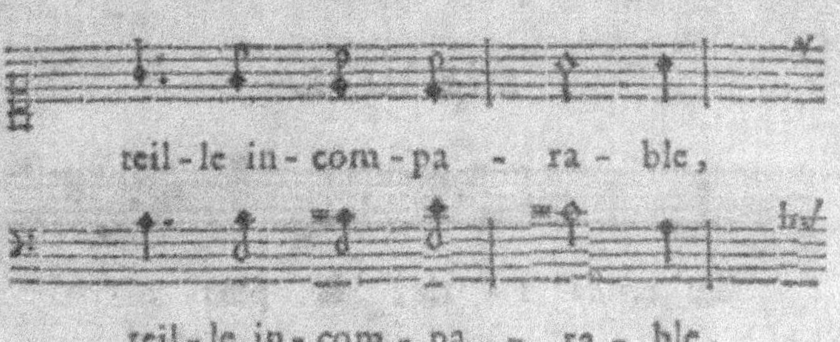

teil-le in-com-pa - ra-ble,
teil-le in-com-pa - ra-ble,

Ne te vui - de ja-mais fans
Ne te vui - de ja-mais fans

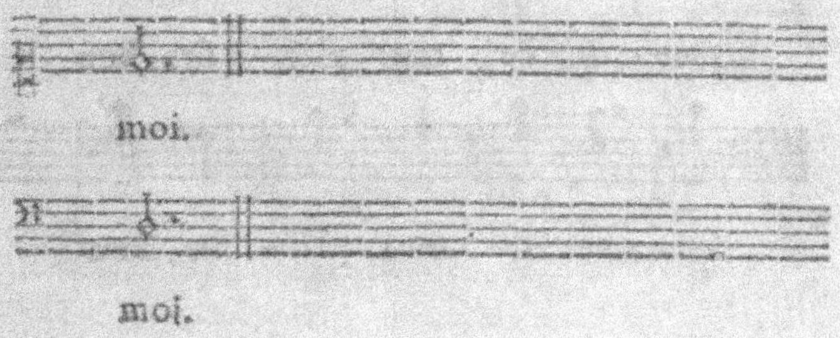

moi.
moi.

Ff 4

SEUL

## SEUL.

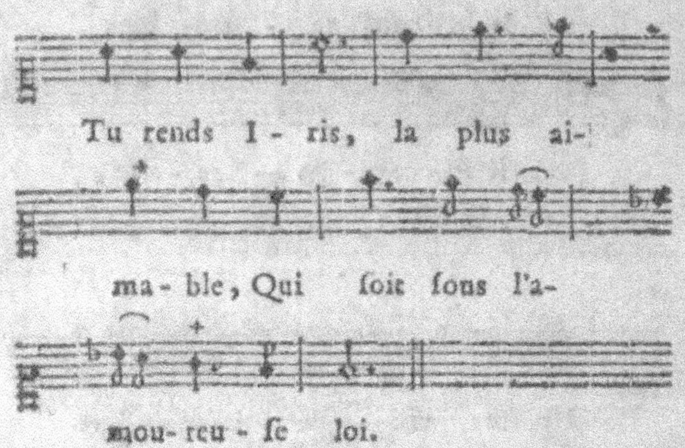

Tu rends I - ris, la plus aima - ble, Qui soit sous l'a-
mou - reu - se loi.

## CHOEUR.

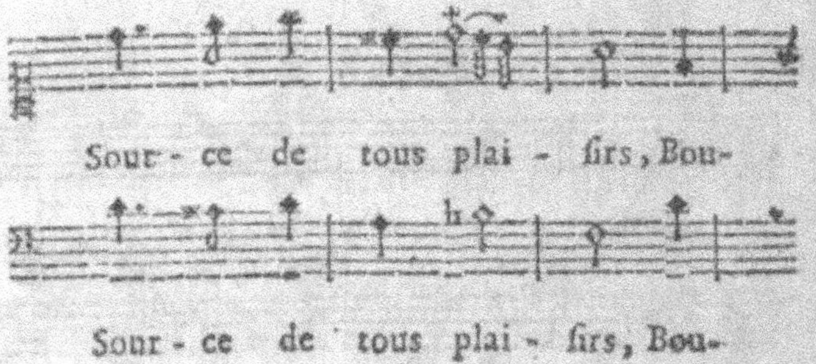

Sour - ce de tous plai - sirs, Bou-
Sour - ce de tous plai - sirs, Bou-

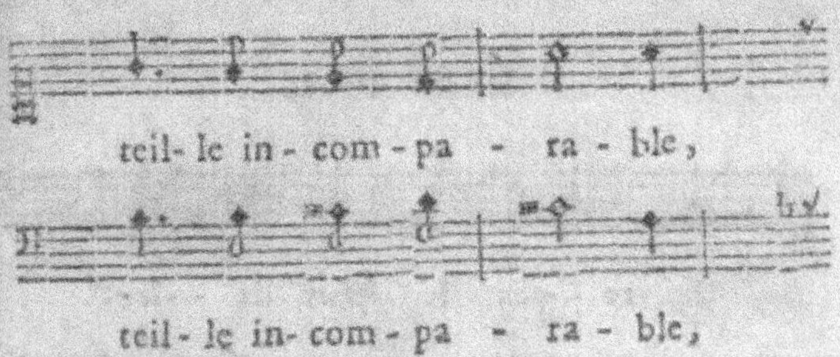
teil- le in - com - pa - ra - ble,

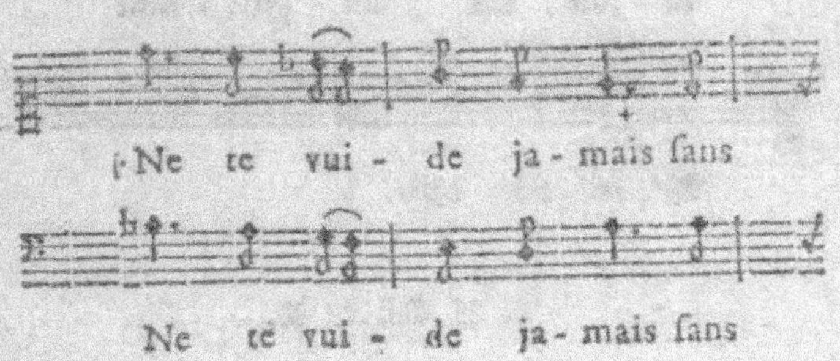
teil- le in - com - pa - ra - ble,
Ne te vui - de ja - mais sans

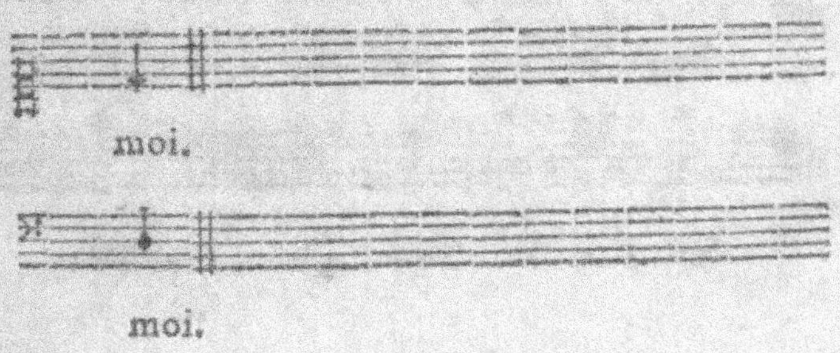
Ne te vui - de ja - mais sans
moi.
moi.

SEUL.

## SEUL.

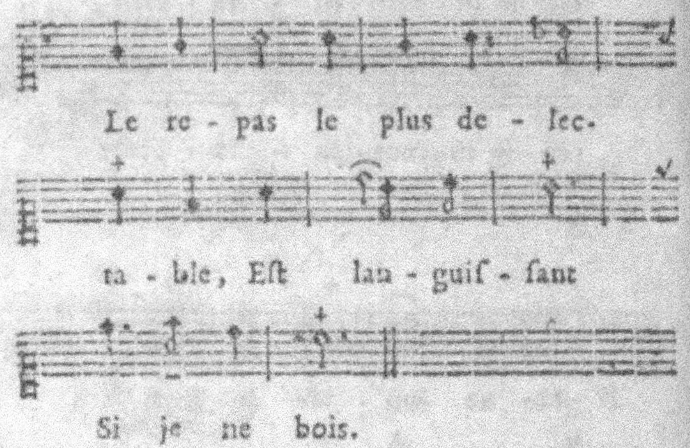

Le re - pas le plus de - lec -
ta - ble, Est lan - guif - fant
Si je ne bois.

## CHOEUR.

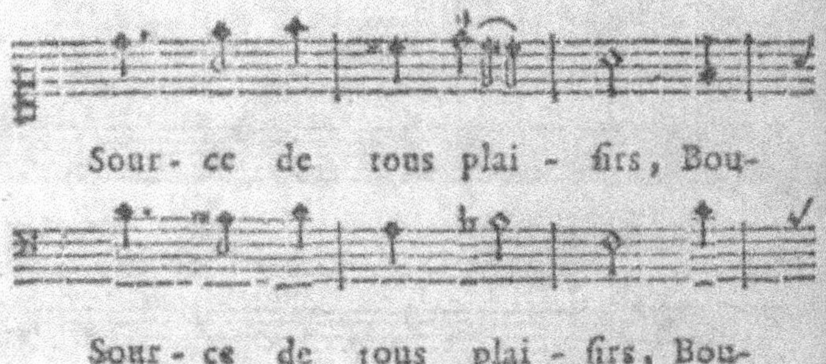

Sour - ce de tous plai - firs, Bou-
Sour - ce de tous plai - firs, Bou-

teil - le in - com - pa  -  ra - ble,
teil - le in - com - pa  -  ra - ble,

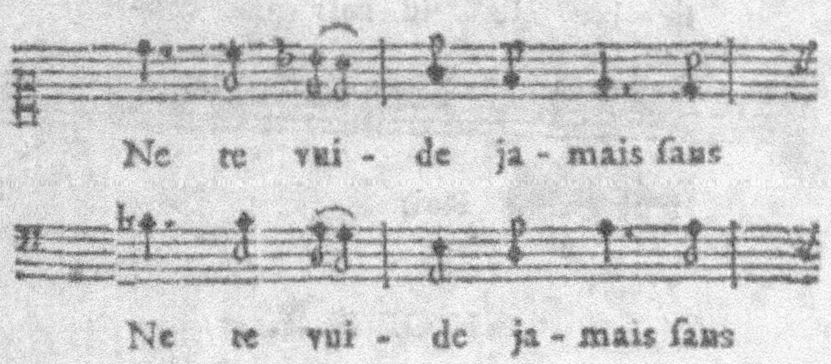
Ne  te  vui -  de  ja - mais fans
Ne  te  vui -  de  ja - mais fans

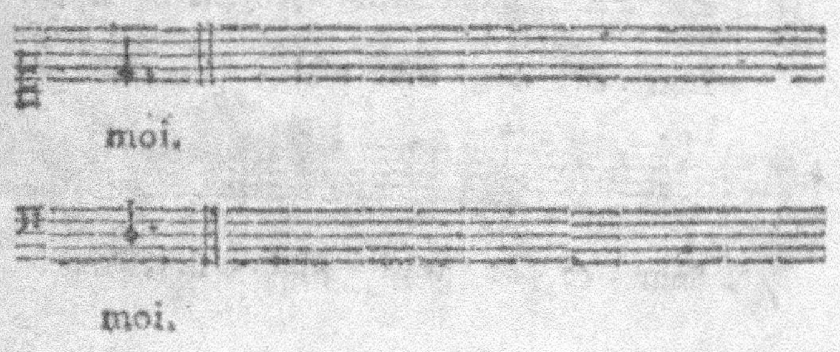
moi.
moi.

SÉUL.

## SEUL.

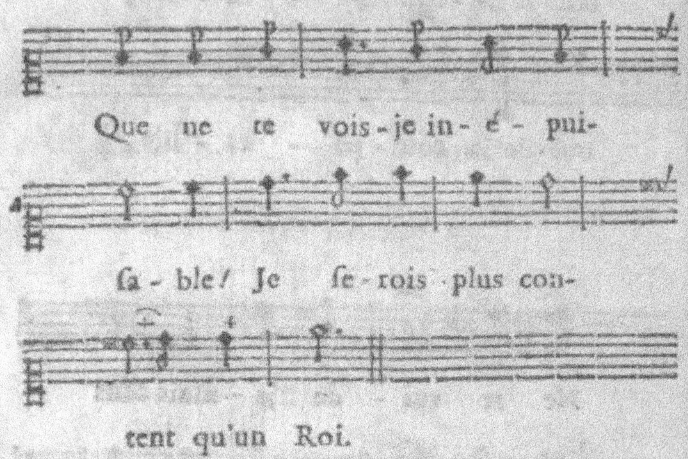


## CHOEUR.

ceille

teil - le in - com - pa - ra - ble,
teil - le in - com - pa - ra - ble,

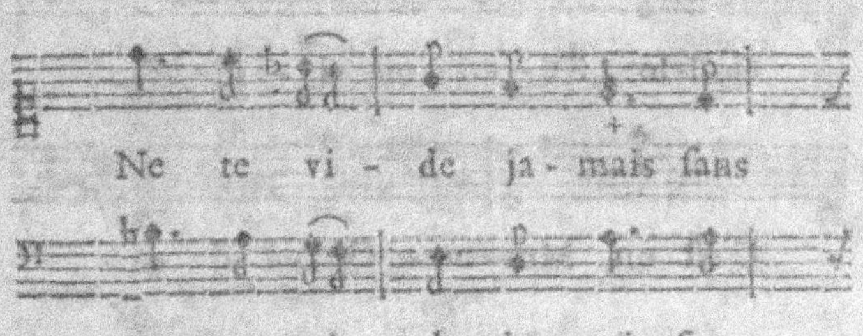
Ne te vi - de ja - mais sans
Ne te vi - de ja - mais sans

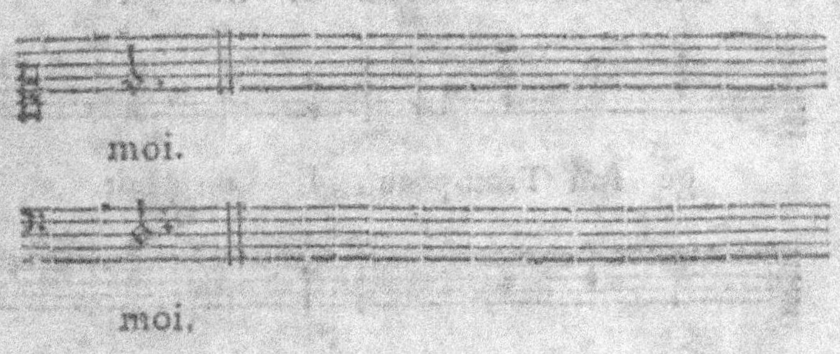
moi.
moi.

## MENUET.

C'Est un Moi-neau, Ce jeu-ne
Guil-lot, S'é-cri-oit I-sa-beau;
C'est un Moi-neau, Quand il me
Fin.
tient sous l'Or-meau. Il né-gli-
ge son Trou-peau, Il ne fait
point d'air nou-veau; Mais il pos-

sede

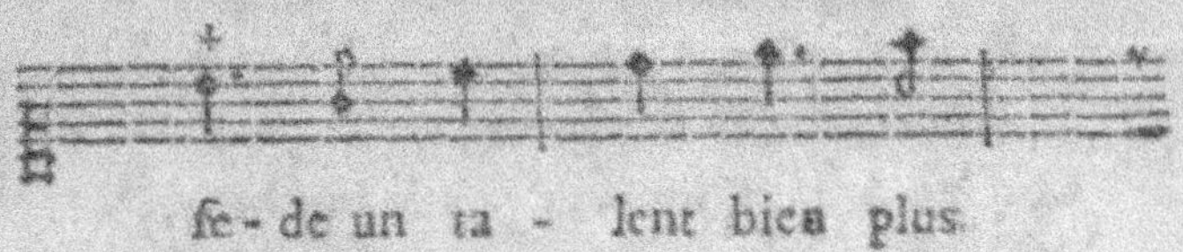

C'est dans vos yeux,
Qu'il brille le mieux,
Ce plus puissant des Dieux :
C'est dans vos yeux,
Qu'il sera victorieux.

Je méprisois tous les feux ;
Qu'Amour m'ofroit en tous lieux ;
Mais, si pour moi ses traits sont précieux.
C'est dans vos, &c.

Cette Liqueur,
Bannit la langueur,
Et ranime l'ardeur ;
Cette Liqueur
D'Iris fléchit la rigueur.

Elle va jusques au cœur,
Porter sa douce vapeur,
Et d'un Amant souvent fait le bonheur.
Cette Liqueur, &c.

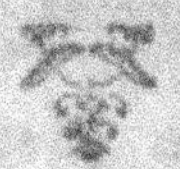

## CHANSONNETTE.

mour

mour vous a fu plai - re,
Vous fui-vrez long-tems fes Loix.
Quand on en gou-te u - ne
fois, On ne le quit - te
guer-re;Quand on en gou-te u - ne
fois, Ou ne le quit- te guer-re. re.

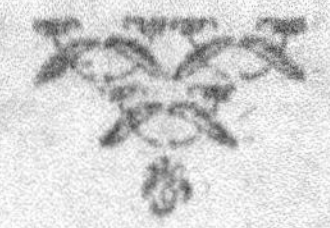

## LA CLEF.

*Vaudeville.*

On

On voit à préfent chez les Belles
Entrer plus d'un écervelé :
Il eft peu de ces cœurs fidèles,
Dont un Amant feul a la Clé.

Si vous voulez une Clé fûre,
Faites la d'or, elle ouvre tout :
Plutus crochette une ferrure,
Dont l'Amour ne vient pas à bout.

En vain une beauté févère
Sait s'enfermer à double tour :
Non, fa ferrure ne tient guère,
Contre l'adreffe de l'Amour.

Que fert-il que l'on garde à vue
La Clé d'un cœur qu'on veut fauver ?
Maris, quand vous l'avez perdue,
L'Amant fait bien la retrouver.

Faites boire à grande mefure
Beauté rebelle à fon Amant :
Quand Bachus mêle la ferrure,
L'Amour l'ouvre plus aifément.

# DIALOGUE

*D'un Berger & d'une Bergère.*

## LE BERGER.

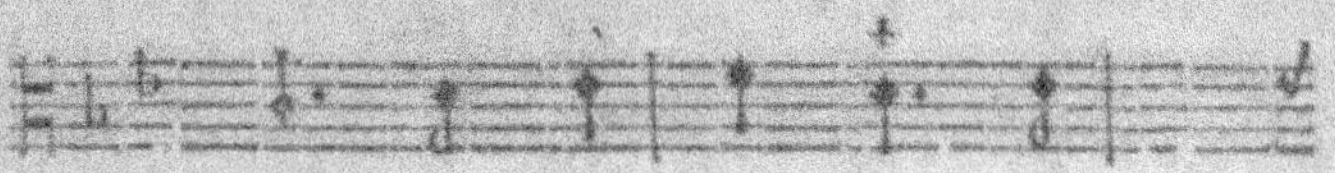

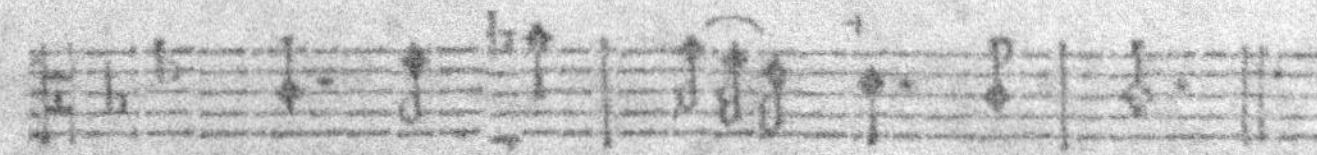


## LA BERGERE.

yeux

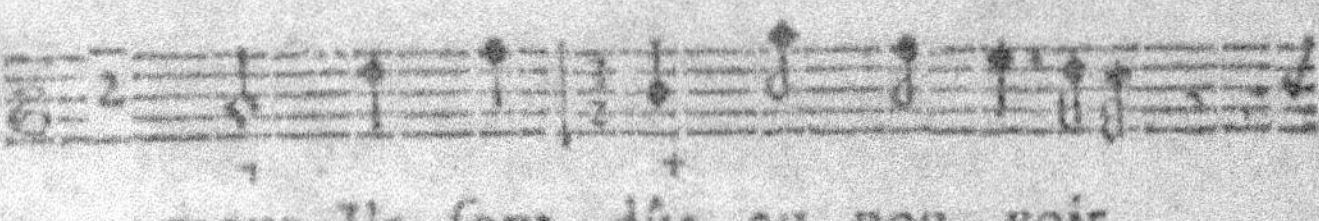


de l'A - mour. mour.

## LE BERGER.

Desor-

Déſ-or - mais Mai-treſ - ſe
de ma vi - e, Vous fe - rez
mes maux & mes plai-ſirs déſ-or-
mais Mai-treſ - ſe de ma vi - e,
Vous fe - rez mes maux, Vous ferez mes maux, ou mes plaiſirs.

EN-

# ENSEMBLE.

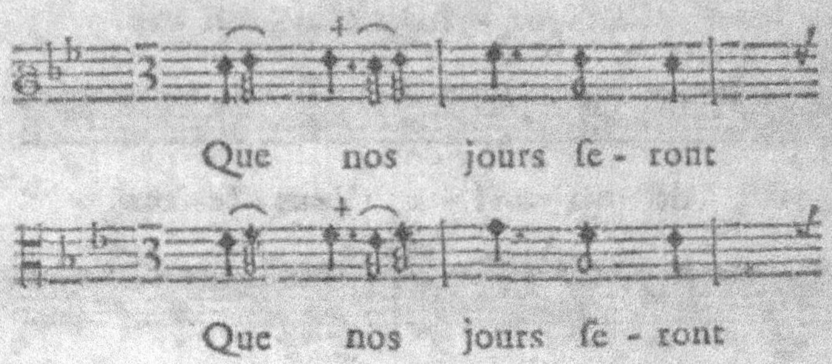

Que    nos    jours fe - ront
Que    nos    jours fe - ront

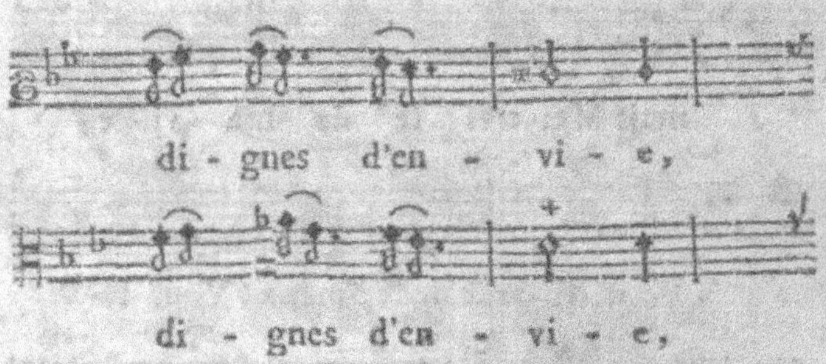

di - gnes d'en - vi - e,
di - gnes d'en - vi - e,

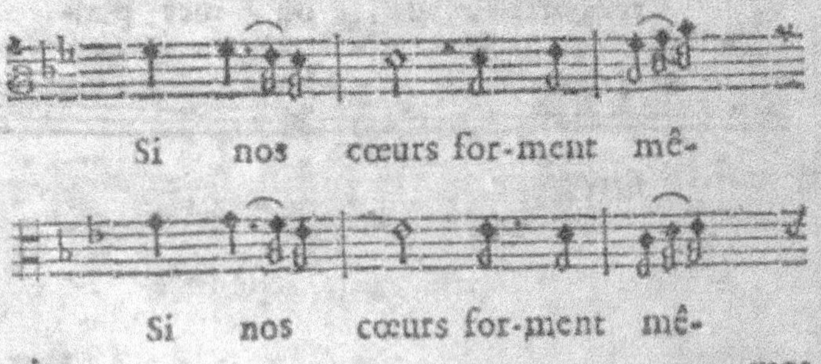

Si    nos    cœurs for-ment mê-
Si    nos    cœurs for-ment mê-
mes

mes de - firs: Nous n'au-rons à


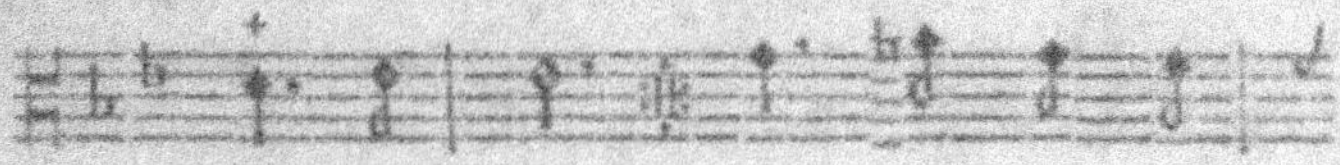

mes de - firs: Nous n'au-rous à


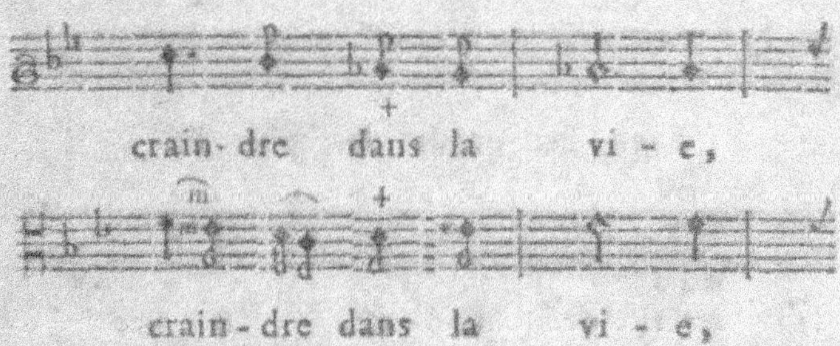

crain-dre dans la vi - e,
crain-dre dans la vi - e,


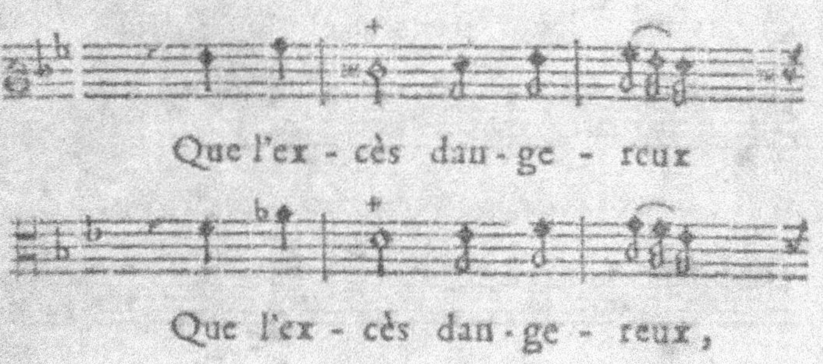

Que l'ex - cès dan - ge - reux
Que l'ex - cès dan - ge - reux,

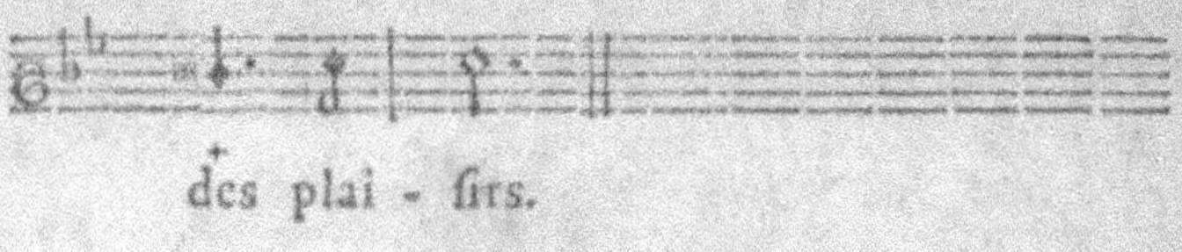


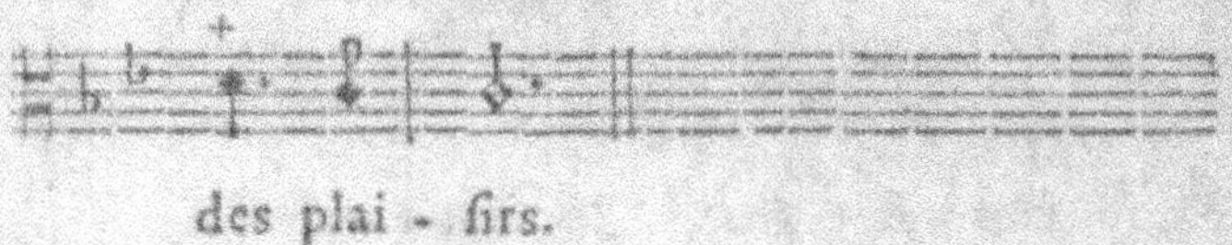


## LE BERGER.

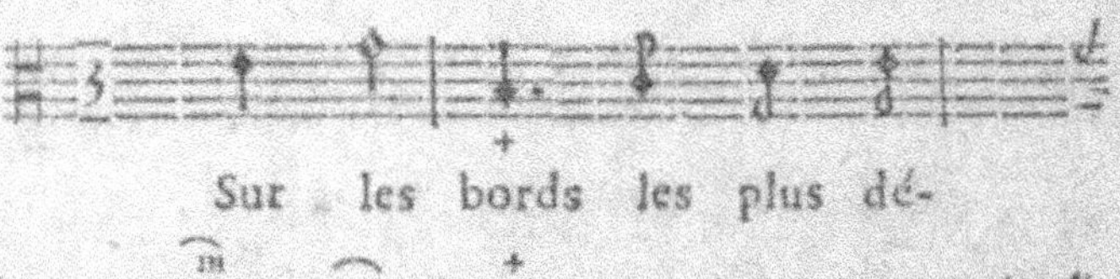


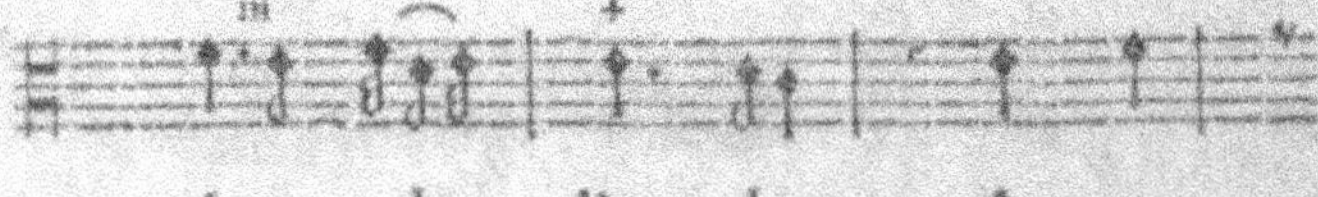


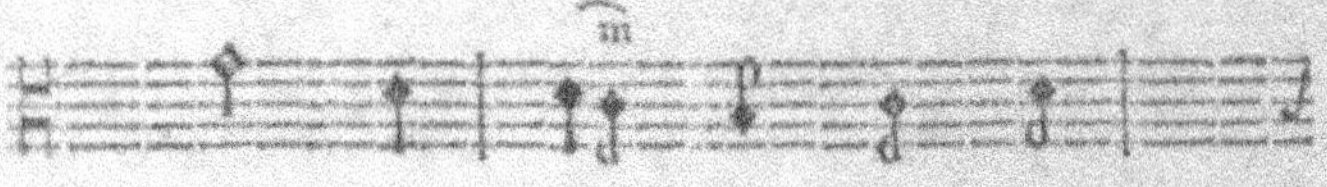


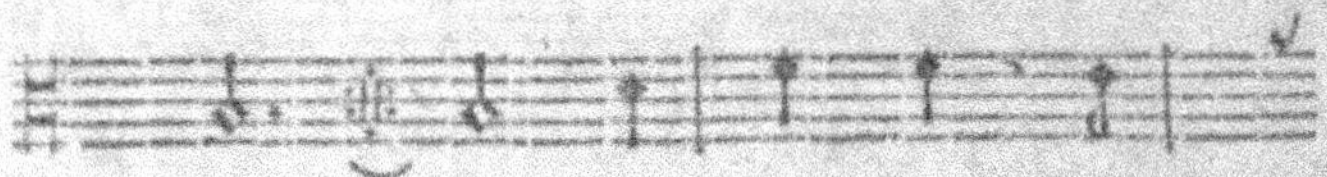


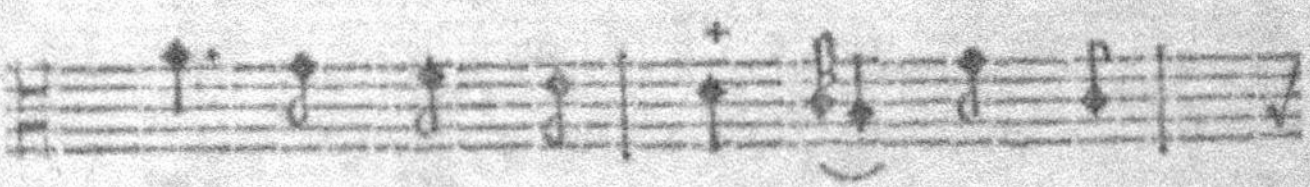


mon-

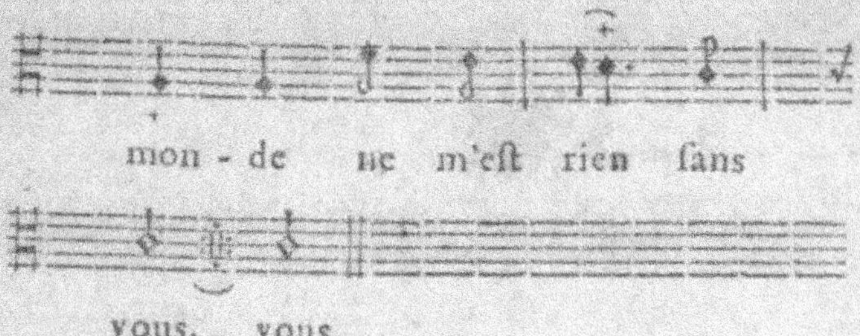
mon - de ne m'eſt rien ſans

vous. vous.

## LA BERGERE.

Si j'a - vois de la Fil-

le de l'On - de, Les at-

traits ſi char - mans & ſi

doux: Si j'a , &c. doux. Peu ſen-

ſi - ble à l'Em - pi - re du

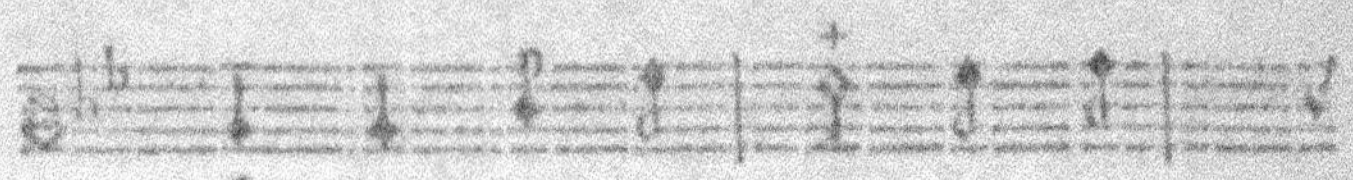

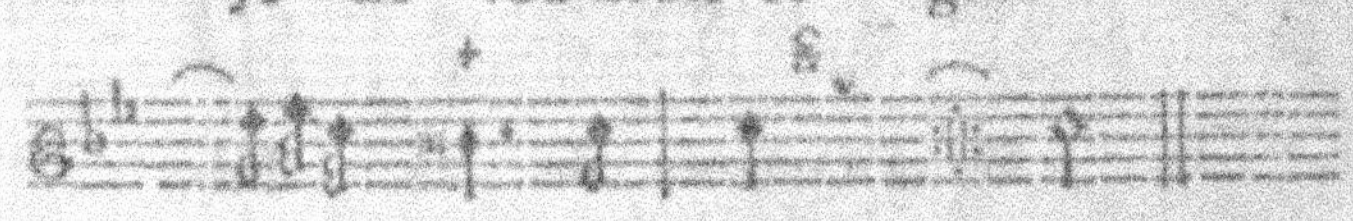


## ENSEMBLE.

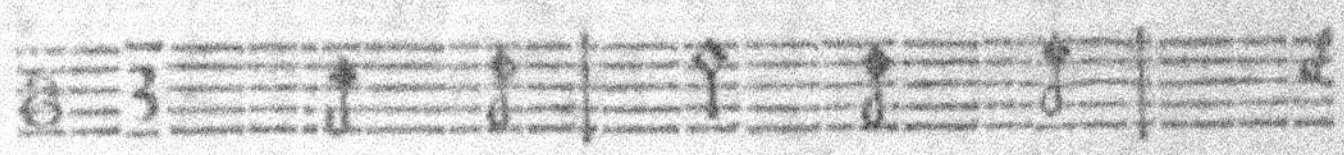

chai-

chai- - ne si bel-le, De nos
chai- - ne si bel-le, De nos

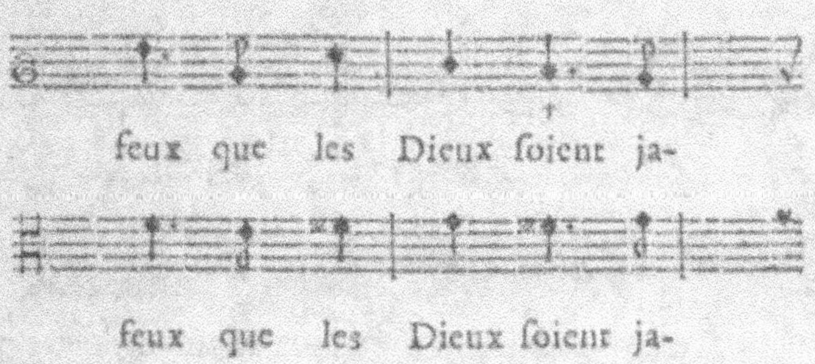
feux que les Dieux soient ja-
feux que les Dieux soient ja-

loux: loux: Sois cons- tant,
loux: loux: Sois

Hh 3

Sois

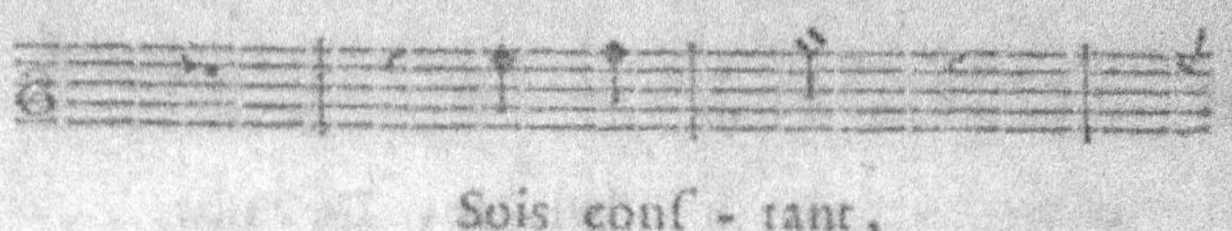
Sois conf - tant,

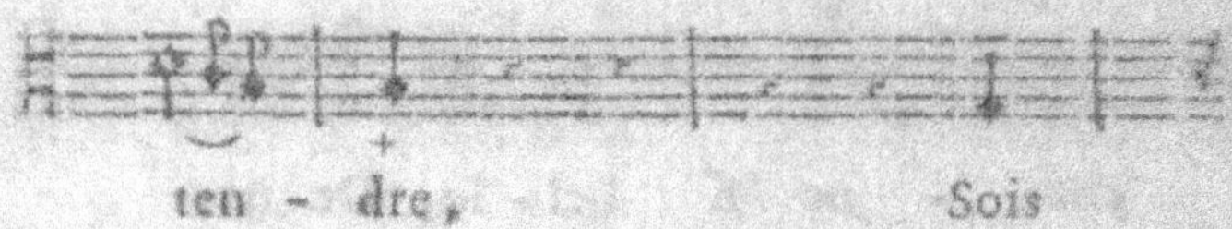
ten - dre,                    Sois

Sois  fi - del - le;
ten - dre, Sois  fi - del - le;

Pour ja - mais, cher Tir - cis,  ai-mons,
Pour ja - mais, bel - le I - ris,  ai-mons-
nous.

nous. Pour ja - mais,
nous. Pour ja - mais - -

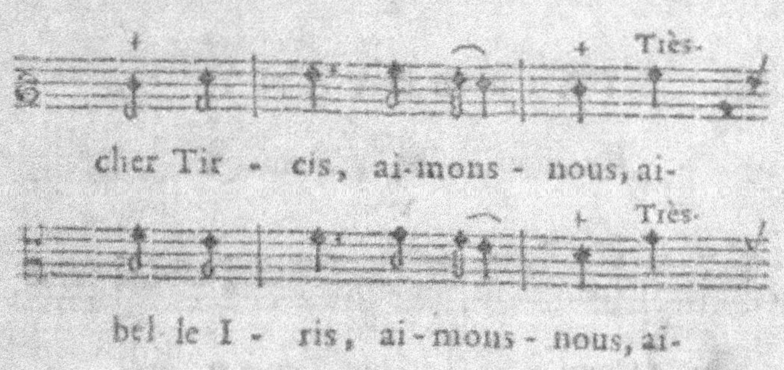
Très-
cher Tir - cis, ai-mons - nous, ai-
Très-
bel le I - ris, ai - mons - nous, ai-

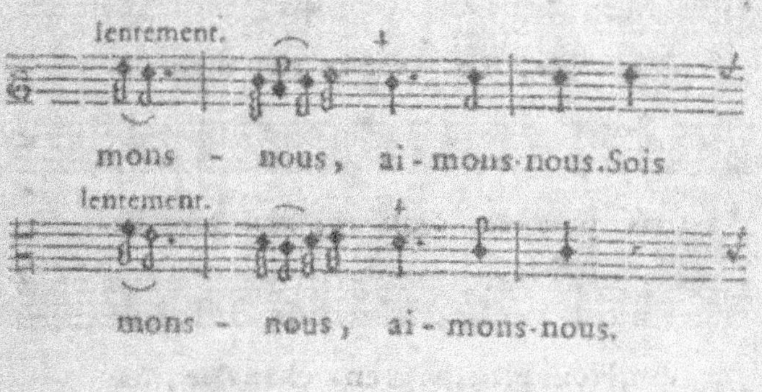
lentement.
mons - nous, ai - mons-nous. Sois
lentement.
mons - nous, ai - mons-nous.

Hh 4　com-

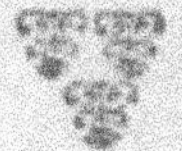

## IRIS BUVANT.

*Parodie de la Venitienne.*

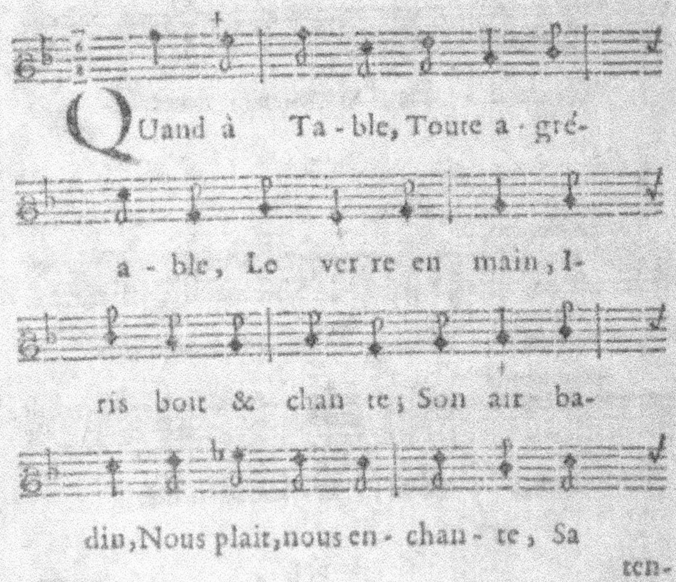

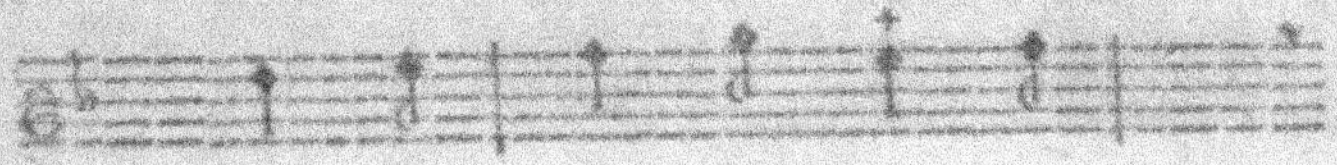

ten - dre    voix dou - ce & tou -

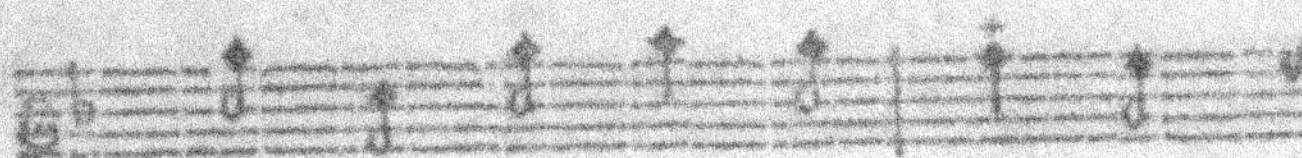

chan - te, Mèt fous fes    Loix Le

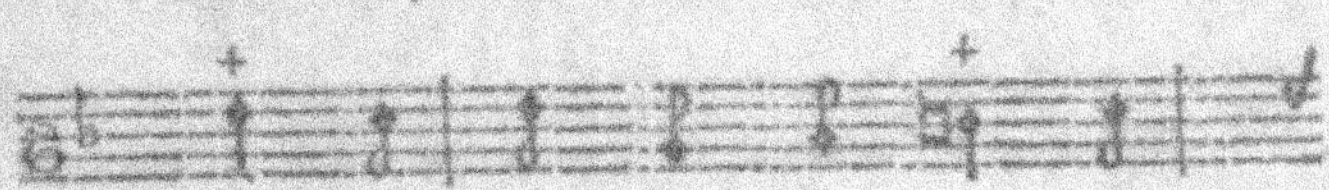

moins fi - del - le, Peut - on près

d'el - le    con - fer - ver fon

choix : choix: Ba - chus lui - mê - me fans

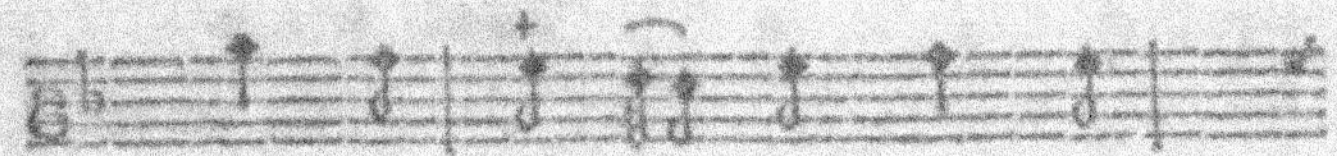

dou - te    l'ai - me, Li - vrons-nous

au doux pen chant qui nous en -

traiue.

trai - ne, La fui - te est vai - ne, On

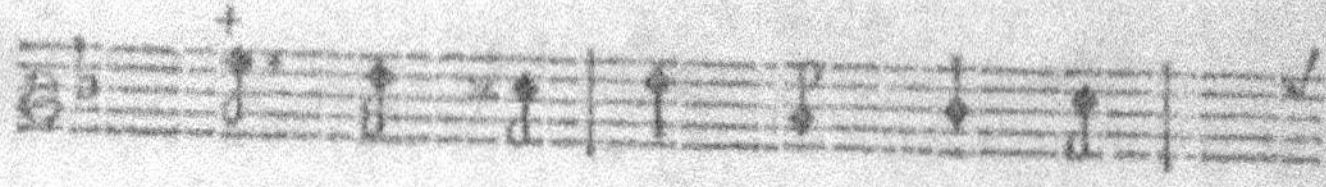
bru - le en fuy - ant, Grand Dieu du

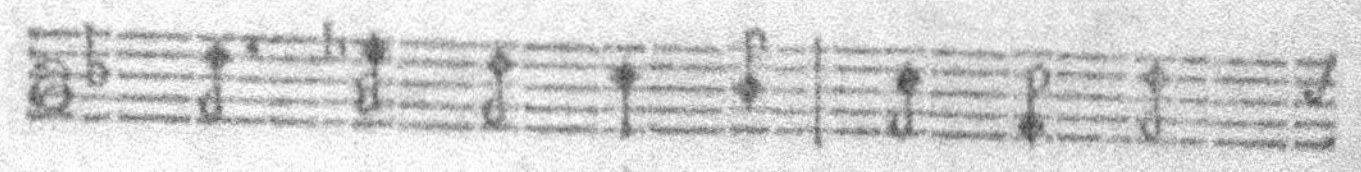
Vin, Qui la rend ai - ma - ble, Rend

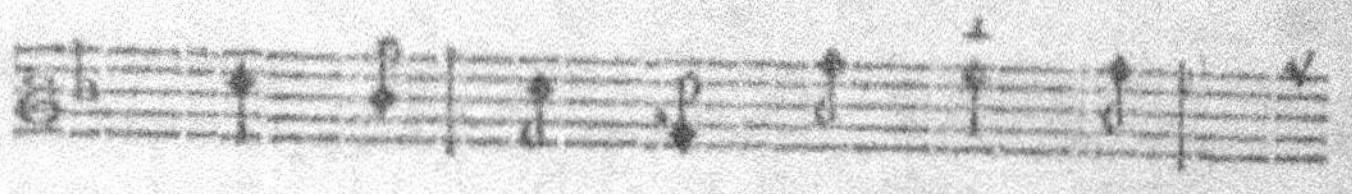
la trai - ta - ble ; Mais à la

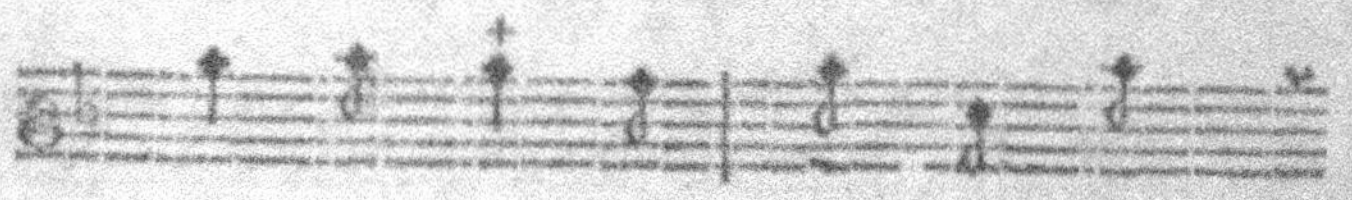
fin, Si cet - te Bel - le, Tou-

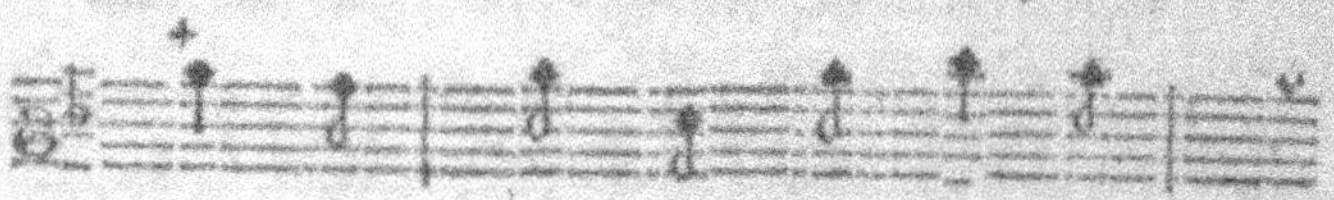
jours cru - el - le, N'aime à son

tour, Mou - rons y - vre au-près

d'el-

## TENDRE REPROCHE.

sur

sur vo - tre vi - sa - ge ;
Pour quoi re - bel- le à mon ardeur, L'Hy-ver est - il dans
vo- tre cœur.    cœur.

**F I N.**